JN112147

川奈まり子

晶文社

# 家

〘名〙

①人々が寝起きして生活を営んでいるところ。家族などが住んでいるところ。
家屋敷、土地などを含んだ空間全体。
また、特に自分の住まいとするところ。わが家。
②①に住んでいる人々。家族。家人。また、自分を含めた一家。家庭。
③①の中で、人が住むために作った建物のみを指す。家屋。
④妻。家刀自（いえとじ）。
⑤先祖から代々伝えてきた家族団体。また、それにまつわるもの。

（出典　精選版　日本国語大辞典）

# 目次

装丁―アルビレオ
カバー写真―山谷佑介「Into the Light」より

九

零軒

# さとがえり

新しい家は、山の麓に建っていた。

私は九歳。六歳の妹と二人、階段を駆けあがって二階の子ども部屋へ行くと、ドアの正面に窓があり、まだカーテンを吊るしていなかった。

外に広がる萌黄色のパノラマに、団地育ちの私たちは息を呑んだ。

あと二、三年で半世紀も前のことになる、遠い昔の春、父が八王子に家を建てた。

引っ越しは春休みの最中で、淡い緑に染まる山肌に、薄紅色の花をつけた木がちらほら見えた。父に、あれは何かと訊ねると、山桜だという。

電鉄系の新しい住宅街と山の境に猫の額ほどの土地を買い、一家六人で、公団アパートから移り住んだのだ。

初めのうちは何もかもが物珍しかった。たとえば月夜の晩に山でキャアと鳴く夜鷹。赤ん坊か猫か、さもなければ女の悲鳴のような声に、最初はずいぶん驚かされたものだ。

山の谷筋にある家は風水では凶相だというが、家族は誰も気にしていなかった。高島易断に凝っていた祖父ですら何も言っていなかったと思う。

この山の界隈で起きた陰惨な事件については、たまに話題に上った。

ここは大塚山といって、絹の道と呼ばれる神奈川往還の中継地点に位置し、かつて頂上に道了堂という草庵があった。当初は麓にある古刹の分寺として尼僧が治めていたが、二代目の堂守は得度していなかった。彼女は二十八歳で静岡から招かれて、住居を兼ねた本堂に住みながら、訪れてくる人に、何処で習ったのかわからないお祓いの類を施したり駄菓子を売ったりして、誰とも結婚しないまま、姪をそばに置いて暮らした。

そして、一九六三年に八十二歳で強盗に惨殺された。その十年後には、麓の村で殺人死体遺棄事件が起きた。

さらに十年後の一九八三年に不審火で堂宇が半焼すると、きっかり十年ごとに事件が起きたことから、お茶の間には相応しくないものの、好奇心をくすぐる話の種になったのだ。もっとも、私たちが越してきたのは、殺人死体遺棄事件の二年ぐらい後で、廃墟となりつつも道了堂はまだ山頂にあった。

蔦が絡む朽ちた堂宇や、頭を挿げ替えた跡のある地蔵や墓石だらけの境内は、今なら不気味に感じたかもしれない。だが、子どもの目には冒険心をくすぐる遊び場と映った。

だから、しょっちゅう遊んだものだが、不思議なことは何度も起きた。

荒れ果てた本堂にポツンと置かれた一対の雛人形がひとりでに向きを変えたり、かくれんぼに入れてあげた見知らぬ女の子が、私が隠れた押し入れの暗がりに忽然と姿を現したかと思ったら消えてしまったり。

今から六年前に一人で訪ねたときも、すぐそばで小学生ぐらいの女の子の声が節をつけて「もういいよ」と言い、振り向いても誰もいなかった。


――そもそも、それは妹から八王子の家で頻々（ひんぴん）と奇怪な現象が起きると聞いたので、久しぶりに里帰りしてみた折のことであった。

私の妹は三人の子どもを連れて実家に戻り、両親と同居している。小さな外資系企業の日本支社長をしつつ子育てをする多忙な身で、その頃は長男が高校生、末っ子はまだ小学生だった。当然、半端者の姉をわざわざ訪ねてくることは滅多にない。

それが、どういうわけか急に会いに来たと思ったら、可愛がっていたインコが異様な死に方をした――と切り出した。

聞けば、つい先日の宵の口、インコの鳥籠が見えない手に振り回されているかのように上下左右に揺さぶられ、揺れが収まったときには、籠の目から片足だけ突き出した逆さ吊りの恰好で、無惨にこと切れていたという。骨という骨が折れていたとか……。

さらに、インコが死ぬ前から、黄昏(たそがれ)どきに祖父母が使っていた和室の障子に女の影が映るのだと切々と訴えたのである。

聡明な人のはずが本気で怯えていたので、確かめに行かねばならないと考えた次第だ。

ところで、実家の障子に映る女の影なら、私も見たことがあった。

しかし、思うにそれは幽霊ではなく、長年、精神を病んでいる叔母なのだった。

父の妹は重度の精神障碍を患い、若い頃から精神病患者専用のグループホームと精神科の入院病棟とを行ったりきたりしていた。一度ならず退院時に警察沙汰になり、何回か入院措置が取られた経緯から勝手な外出は許されない身の上だが、監視の目をかいくぐって脱走することが年に何度かあった――私が二十歳で実家を出る前までは。

叔母としては里帰りしたかっただけかもしれないけれども、祖父母が存命な頃はともかく、二人が鬼籍に入ってからも来た。

そして、二十四、五年前、前夫と離婚した私が出戻っていた折にも、叔母に違いないと思われる影が、祖父母がいた和室の障子に映ったことがあったのだ。

――和裁士だった祖母がいつも着物を縫っていた、南向きの八畳間。夕方、そこで蒲団(ふとん)を敷いていたら、四枚引きの障子の右端で、和服を着た女の影が膨らんだ。

私は叔母だと直感した。なぜなら叔母が直接この部屋に押しかけて、生前の祖父母を驚かせたことが一度ならずあったから。

叔母の名を呼ぶと、影は障子の上を左の方へサーッと小走りに逃げていった。

すぐに立っていって障子を開けたが、夕焼け色に染まった庭があるばかりで、誰の姿も見当たらなかった。それでも私は、叔母が来たようだと母に報告した。

ところが母は、そんなわけがないと私に応えた。近頃の叔母は精神科のベッドに横たわったきり、一日中、うつらうつらしている状態なのだから、と。

「あのまま、いつか静かに亡くなるんじゃないかしら。その方が本人も幸せでしょう」

もしも脱走していたらどうするのかと詰め寄っても、母は、絶対にあり得ないからと言って譲らなかった——一方、私の確信も揺らがなかったのである。

叔母は父より十一、二歳も年下で、そのときはまだ五十代。一時は寝たきりになっても、精神が復調して病院を抜け出してきたに相違ないと思える若さだった。

さて、妹の話を聞いた六年前に時を戻す——あれは五月中旬であった。

午前十時頃に実家に着いて、門を開けて庭に入ると、一階の和室の障子が、飛び石の先で日差しを照り返していた。なんとなく立ち止まって、あそこに、と、叔母の影を見たときの記憶を蘇らせていたら、その障子がカタリと揺らいで、四、五センチ開いた。

隙間から黒と肌色がチラリと覗く。人の髪と顔。母だ。咄嗟にそう思ったので、近づきながら「ただいま」と声を掛けた。

そのとき二階の窓がガラガラと開いた。振り仰ぐと母が顔を突き出して私を見下ろした。驚いて障子の隙間をあらためて確認したときには、もう誰の気配もない。

和室に誰かいたと母に話したら、父だろうと言われたが、玄関から入るとすぐに、父は玄関の横の書斎からひょっこり出てきたので、父でもなかった。

そういう変なことがあった後、出前の鮨を両親と食べた。その後、妹は会社、子どもたちも学校に行っていたので、私は一人で散歩に出掛け、道了堂を訪れたのだった。

正確を期すなら、大塚山公園の一部として整備された道了堂跡とすべきか。昔日の面影はほとんど残っておらず、殺された堂守が起居していたお堂は礎石のみが残されていた。

――そして昼下がりの境内を歩きまわっているときに、そこに居もしない女の子の声が聞こえて、追い立てられるように家に戻ったのである。

間もなく妹の子どもたちが帰宅してきて、にぎやかになったが、さっきの「もういいよ」という声が頭の奥に木霊して、愉しい雰囲気に乗れなかった。

妹が、私のために早めに帰ってきてくれた。そこでさっそく道了堂跡で起きたことを打ち明けて、ついでに障子の人影についても、私は叔母さんだと思うとしながら意見を求めた。

「声だけ？　その程度だったら、私も何度か……。あの山は何かおかしいの。障子に映る女の影も叔母さんじゃないでしょう。山から来る、お化けだよ」

「でも叔母さんは、うちに来るとき、よくあの部屋から上がり込んできたじゃない？」
「叔母さんが、今いくつだと思って？　七十代後半よ。しかも健康体ならともかく、ここ二十年以上ほぼ寝たきりなんだからね？　叔母さんだとしたら、生霊だよね」

そろそろ日没が迫っていた。「噂をすれば影って言うから、今なら障子に怪しい影が映るかも」と軽口を叩きながら、例の和室へ蒲団を敷きに行った――祖父母の死後そこは仏間になっていたが、他に私が泊まれる部屋がなかったのだ。

蒲団を敷きはじめたところ、あたりまえのように、四枚引きの障子の右端に女の人影が立った。袂（たもと）が下がり、裾が長いシルエットから、一目で和服を着ているとわかる。

夕陽の残滓が琥珀色に照らす障子紙に、墨で描いたかのように輪郭が浮き出していた。

ざんばら髪の、なで肩の、その形に見覚えがあると思った。

影はのろのろと左の方へ移動して、障子の左端に吸い込まれるように消えた。

間髪を容れずその障子を引き開けたが、暮れなずむ庭があるばかり。

# 一軒　かりずまい



昨今は内規が変わったかもしれないが、八十一、二年のその当時、秋田県警では月々七千円までの家賃補助があった。洋一さんの父は警察の事務方だったから、それまで住んでいた官舎が夏の台風で洪水被害に遭うと、さっそく補助を受けて家を借りることにした。

――ちなみに官舎は老朽化が著しい一軒家で、鼠が出るわ汲み取り式のボットン便所だわ、雪国だというのに隙間風が吹き込むわ、そもそも住みづらいしろものだった。

おまけに、そこは塩越城（しおこしじょう）という古城の跡地にあって、たまに怪しいことが起きた。

たとえば洋一さんは中二のとき、こんな体験をした。

五月雨の頃、うっかり風邪を引き込んで家で寝ていたら、家人が出払った昼下がり、素足に半ズボンの五歳くらいの男の子が枕もとに歩いてきて、「どうしたの？」と無邪気に訊ねた。

昭和の田舎のことであり、姉の子どもたちの友だちが四六時中、勝手に上がり込んできていたから、さして不審にも思わず、熱があって具合が悪いと彼は答えた。

するとナどもはペタペタと歩み去った。実際に熱が高かったので、行ってくれてホッとしていたが、しばらくして銘々皿(めいめいざら)に肉団子を三つばかり盛ったのを持って戻ってきた。それが、実に美味そうな肉団子であった。朝粥すら残すほど食欲を失っていたのに、急にたまらない空腹感を覚えて、銘々皿と箸を手渡されるや瞬く間に平らげてしまった。

男の子は空になった皿と箸を持って台所の方へ下がった。その後ろ姿を見送ると、洋一さんは、異様に激しい睡魔に襲われて、ガックリと眠り込んだ。

やがて母に肩を揺すられて目覚めてみれば、すでに部屋は薄暗かった。母から、夕食は食べられそうか、熱は測ったかと訊かれた。さっき肉団子を食べたが、気分が良くなったので何でも食えそうだと答えると、母は「肉団子？」と首を傾げる。

そこで、かくかくしかじかと説明したところ、買い物から帰ってきたとき、台所の流しに空の銘々皿と箸が置いてあったと母は言い、怖気を震って青ざめた。

肉団子の作り置きなどしておらず、出掛けるときに彼がよく眠っていたので、田舎のことでいつもなら開けっ放しで行くところ、今日に限って玄関に鍵を掛けたのだという。

いったい何を食わされたのかわからない。だが、なぜか風邪はケロリと治ってしまった。

――というような経緯もあったので、浸水で根太(ねだ)が腐って住めなくなったとわかると、家族全員むしろホッとした。

今までがひどかっただけに、次の住まいに掛ける家族の期待は膨らんだ。

せっかく新しく借りるのだから、官舎よりは清潔で、なるべく大きな家が良かった。

なぜ広い家を求めたかといえば、夫と別居中だった次姉が、幼児二人を連れて出戻る気満々だったからである。

その頃高校生だった洋一さんは、五人きょうだいの末っ子で次男。

兄と長姉は進学や結婚した連れ合いの都合で他県へ出ていたが、県内に住んでいる一番下の姉は、大工の夫と二児を連れてしょっちゅう遊びに来るので、十人あまり収容可能な家が必要だったわけである。

みんなで手分けして熱心に物件を探した成果だろう。台風で官舎が被害を受けたのが八月中旬で、そのわずか二週間後には、理想的な住まいが早くも見つかった。

いや、理想という言葉では足りない。それなりの家賃を覚悟していたところ、なんと月一万円、しかも敷礼無しでいいというのだから……。

事故物件の四文字を、令和時代を生きる読者さんたちは反射的に思い浮かべたであろう。

だが、四十年前には心理的瑕疵(かし)のある物件＝事故物件という概念そのものが知られていなかったし、また、洋一さんの父は警察官ではあったが新卒採用されてこの方ずっと事務方で、県内外の事件事故とは無縁の人だったから、その種の知識は一般人と大差なかった。

――とはいえ、何かわけありなのだろうとは家族の誰しもが思った。

官舎から百メートルほど離れた旧道沿いの、元は旅館だった一階建て。

平屋とはいえ、なにせ旅館だったから建坪があり、広さや部屋数は申し分なかった。

玄関の三和土(たたき)が広く、奥が深い、鰻の寝床のような造り。長い廊下の左右に部屋があり、突き当たりの方に台所や風呂場などの水回りが集中していた。

物件探しの際には期待していなかった優雅な風情もあった。枯山水(かれさんすい)風の表庭に加えて、広縁をコの字に廻らせた中庭を備えていたのである。中庭には鯉でも飼いたいような蓮池があり、苔むした石灯籠が据えられていた。

外観は古めかしくても、内部はそれなりに改築されており、バストイレは新しく、畳や襖(ふすま)などは張り替えられたばかり。壁にシミ汚れがあるにはあったが、賃貸契約をした不動産屋によれば自費で壁紙を交換するのは構わないとのこと。

なんと言っても家賃から補助の七千円を引けば三千円。月々それしか掛からないのだ。家賃が抑えられたら、浮いたお金を貯蓄に回せる。父は、この物件を見つけるや否や「早期退職して近ぐに家建てるすけ、ここさ一年住んだらまた引っ越す」と宣言した。

早期退職手当と退職金で土地を買って家を新築する計画は元からあったが、老後資金が目減りするのが難だった。まさに台風一過、晴れ晴れと不安が払拭されたわけである。

その家の辺りは日本海を望む元宿場町で、古くから風光明媚なことで知られ、町内の寺に松尾芭蕉の《象潟や 雨に西施が ねぶの花》という『奥の細道』にも記された一首を刻んだ句碑がある。

元禄二年の六月、合歓が花咲く梅雨の時季に芭蕉が訪れたときには、そこは、にぎやかな街道沿いに軒を並べる旅籠のうちの一軒だった。

付近に国道が出来て中心街がそちらへ移動すると町の様相が一変し、洋一さんたちが来た八十年代初頭には、閑静な住宅地に変わっていた。昔日の旅籠の面影は、間口に比べて奥行の深い敷地の取り方に残り、建坪の大きな家には門かぶりの松が見られた。

洋一さんたちの家族が借りた家にもそれがあって、樹齢を重ねた立派な松が逞しい枝と常に変わらぬ緑の葉とを門の上に差し伸べていた。繁栄と長寿を呼び込む縁起物である。

――さて、その枝をくぐって玄関の戸を開けた若い女の姿を思い浮かべてほしい。汚れてもいいズボンにTシャツ、掃除道具や洗剤の入ったバケツを手に提げている。

彼女は洋一さんの次姉で、当時二十九歳。子連れで夫と別居し、離婚調停中である。

一文無しで出戻る予定なので、これぐらいのことはしなくては……と、引っ越し前日、子どもたちを託児所に預けると、両親に家の鍵を借りて、掃除をしに来たわけである。

まずは高いところの埃を払い、次にバケツに水を汲んできて、広縁を拭きはじめた。

――と、家の中のどこかから湿った足音がペチャペチャと聞こえてきた。

健康な子どもの足の裏というのは少し湿り気を帯びているもので、ことに汗ばむ夏場などは床を踏むとペチャペチャいう。子育て中の彼女には聞き覚えがある音だった。

立ち上がって見回しても子どもの姿は認められず、足音も聞こえなくなっていた。

そこで、さっきのは気のせいだったのだと思い直して、掃除を再開した。

だが、また同じ足音がした。バケツの水を替えに風呂場の方へ行ったついでに、いろんな部屋を覗いてみたのだが、やはり誰もいないし、そういうときは足音も止んでいる。

彼女は思った。夫のせいで疲れているのだわ、と。早く片をつけたいものだ、と。

家の奥や端の方から要領よく拭き清めていって、残すは玄関広間だけになった。

床に這いつくばって、せっせと雑巾掛けをしていると、廊下の奥から足音が駆け寄ってきた。速い。振り向く間もなく、視界の中に小さな裸足が一対、ペチャャペチャッと揃った。

――雑巾を摑んだ彼女の手を踏みつけるのにちょうどいいぐらい、彼女の頭や顔に手で触れるほどの近さに、三、四歳の子どもが立っている。

こうなると、もう怖くてそちらへ目を向けられない。悲鳴も喉で凍りつき、四つん這いで固まったまま息を引くと、ヒュッと喉で風が鳴った。

すると、その子どもは踵を返して、廊下の奥へ走り去った。

また現れられてはたまらない。取る物も取り敢えず、彼女は玄関から飛び出した。

次姉は「変な子どもが出た」と、家族に訴えた。だが、近所の悪戯っ子が来ただけだと母は笑い、洋一さん含め誰も取り合わなかった。

だから最後には次姉自身も、悪戯っ子にからかわれたのだと考え直したのだが。

みんなで住みだすと間もなく、奇妙なことが頻々と起きはじめた。

——夜、茶の間で団らんしていると、玄関の引き戸がピシャンと大きな音を立てる。見に行っても誰もいない。これが二度も起きたので鍵を掛けるようになったが、三度目、四度目があった。つまり、鍵の掛かった戸が乱暴に閉められたかのように鳴るのである。

——黄昏時、茶の間と台所の境のガラス障子が、目で見てわかるほど激しく揺れる。あるとき、台所で母と洋一さんが夕食の支度をしていたら、ガタガタとガラス障子が揺れだした。地震だと思ったが、隣の茶の間でテレビを見ている父が何も反応しない。そこで父の前に飛び出していって「地震！」と言うとキョトンとしている。気づけばガラス障子も何も揺れていない。ところが、そのとき台所にいる母が「まだ揺れてる！」と叫んだ。

同じ現象が繰り返されるうち、揺れるのはガラス障子だけ、しかも台所にいる者にしか感知できないのだとわかった。一枚のガラスが裏と表で揺れたり揺れなかったりするわけがないのだから奇妙奇天烈にも程があろう。

——白昼、何の前触れもなく子どもが現れる。

そうなのだ。次姉が遭遇したのと同じ子だと思われる裸足の男の子と、振袖を着た女の子が出没するようになったのである。いずれも生きた人間の子と変わらない外見で。

見た目だけではない。質量まで持っていた、と洋一さんは言う。

九月中旬のことだ。ちょっと動くと汗ばむほど暖かい午後だったので、襖や障子を開け放った部屋で、彼はアコースティックギターの練習をしていた。明るく陽射しが差す畳の上を風が渡り、たいへん快適だった。しばらく演奏に集中していて、ふと気づいたときには、もう、その子どもは広縁と部屋の境に佇んでいた。

歳は四つか五つ。姉たちにもこのぐらいの年頃の子がいる。同居することになった次姉なら、さっき子連れで公園へ遊びに行ったはずだが、上の子のお友だちを連れて帰ってきたのだろうか……。次姉の長男は五歳の男の子だから、この子と釣り合う。

裸足に半ズボン、着古したTシャツの、どこにでもいそうな男児だ。目が合うと、ニッと笑顔になって彼に無言で駆け寄り、右の膝にチョコンと座った。

干草のような子どもの体臭、体温と体重、肌の湿り気が伝わってきたが、

「こら！　駄目だよ。ギター弾いでらがら、あっちで遊んで」

洋一さんは廊下の方を指差した。するとその子は素直に従い、廊下を茶の間のある奥の方へ走っていった——茶の間には母がいる。そろそろオヤツの時間だ。

僕も小腹が空いてきたな、と彼は思い、ギターを置いて茶の間へ行った。

さっきの子の姿がない。姉と甥っ子たちも帰ってきていないようす。虚を衝かれて「男の

子が来たべ?」と母に訊ねると、何のことやらわからないという顔をされた。

またあるときには、次姉が晴れ着姿の女の子を目撃した。

——晴れた日の正午、昼食の支度をしていると、中庭を囲む広縁の方から娘の笑い声が聞こえてきた。パタパタと駆け回りながら、三歳児ならではの甲高い声を張り上げて何か叫んだり笑ったりしている。まるで鬼ごっこに興じているかのようだが——お兄ちゃんはおばあちゃんと買い物に行ったし、洋一は留守だし、と、不思議に思って見に行った。

娘は一人で広縁にいた。パタパタ走っていたのが、彼女の姿を見て立ち止まり、弾ける笑顔で「ママ! お友だちだよ!」と、広縁の一方を指し示した。

途端に、そこに忽然と現れたのだ——七五三の衣装のような振袖にお被布(ひふ)を重ね着した三つぐらいの女の子が。艶やかなおかっぱ頭や、着物の緋色や薄紅色、つぶらな瞳まではっきり見たが、次姉が悲鳴を上げる前に、陽射しの中に掻き消えてしまったとか……。

やがて十月になると、十日の体育の日に末の姉の家族を招いて昼食会を開くことになった。提案したのは父で、父は、来たついでに自分の部屋の壁紙を張り替えてもらえないだろうかと大工をしている彼女の夫——洋一さんからすれば義兄——に相談していた。

すると義兄は事前に軽く下見に来て、壁の採寸などをしていったので、当日は壁紙を張り替えるばかりとなった。

その日、食事が済むと、洋一さんは大工の義兄と一緒に父の部屋に入った。父もついてきて、三人で作業していたところ、終盤になって、義兄がまだ壁紙を張り替えていない一角を指して、「あの出っ張りは何だべ?」と言った。

たしかに、そこだけ壁が大きく張り出していた。父も洋一さんも、元からそういうものだったから受け容れていたのだが、あらためて言われてみれば不自然に感じた。

一畳より一回りも大きな面積が、そのまま天井まで立ち上がっているのだ。

それなのに、壁の裏側に押し入れや物置があるわけでもなく、室内に突き出た面に一枚、巨大な鏡が付いていた。

義兄は出っ張りの周囲を拳で叩いて、「中が空洞になってら」と言った。

俄然、洋一さんは好奇心に駆られて、「鏡、外せねがな?」と提案した。

鏡の枠の数ヶ所にネジ釘の頭が見えており、壁から取り外せそうに思われた。

そこで三人がかりで鏡を外しだしたわけだが、隙間が空くそばから冷気が溢れだしてきて、内部に空洞があることが確定的になり——完全に鏡をどけたとき、階段が現れた。

階段の上は静まり返り、何やら不穏な暗闇に呑まれている。

懐中電灯で照らしながら下から覗き込んでみると、両側の壁にモノクロのブロマイドが何枚も貼ってあった。洋一さんの知らない、昔の銀幕スターの肖像ばかりで、タキシードを着た外国人俳優の写真が多かった。そのうち一枚を指して「クラーク・ゲーブル」と父が言った。第二次世界大戦前後に活躍したアメリカの大物俳優だという。

父が階段を上りだすと、義兄と洋一さんも後へ続いた。

――果たして、天井は頭がつかえるほど低いが、面積が学校の体育館ほどもある、広々とした屋根裏の空間が広がっていた。

いや、単なる空間ではない。床の数ヶ所に茣蓙(ござ)や絨毯(じゅうたん)が敷かれ、樹脂製の可愛らしい茶碗やカップ、幼児の玩具のようなものが方々に散乱していた。奥の壁際には、二組の小さな蒲団とタオルケットが寝乱れた形のまま放置され、子ども服を入れた長持があった。

「かわいそうに」と父がつぶやいた。

実際に何があったかはわからない。ただ、暗い想像ばかりがいくつも湧いた。

階段のとば口に立つ柱に、焼け焦げた棟札らしきものが一枚、縛りつけられており、それもまた、不吉な過去を臭わせていた。

――いったい、この家で何があったのか。

姉たちや母も屋根裏に来て、全員で話し合った結果、再び鏡で階段を塞いで、新しい家が完成するまで当面はここに住むことが決まった。

おそらく棟札と思われる焦げた木札は、義兄が懇意にしている神社でお焚き上げをしてもらうと言って、当日のうちに持ち帰った。

後日、洋一さんたちが義兄から聞いたところでは、彼は翌朝仕事に行くついでに神社に立ち寄るつもりだったが、自宅へ向かう道すがら何とも言えず気分が悪くなってきて、恐怖を覚えたので、深夜、木札を持って、宮司の家の戸を叩いたのだという。

その結果、偶然なのか運命の導きなのか、これが昔この神社が地鎮祭の折に出した棟札だとわかった。この宮司には、後日、家までお祓いに来てもらった。

しかし、それからも怪異が止まなかったので、あるとき母が思いついて、次姉の子たちが飲むオレンジジュースをコップ二個に注いで、寝る前に台所のテーブルに並べておいた。するると朝には二つとも、無色透明な水に変わっていた。それからは毎晩ジュースを注いだコップを出しておくようになったが、いつも朝までに無味無臭な水に変化していた。

屋根裏発見から数ヶ月後、次姉が、この辺りの旧家の人と子どもを通じて親しくなった。そして、もしかすると何か知っているかもしれないと考えて、あの家のことを訊ねてみたところ、こんな話を聞くことができた。

——戦後間もない頃、あそこがまだ細々と旅館をやっていたときに不審火が起きて、建物は半焼で済んだが、女将の五歳になる息子と三歳の娘が亡くなってしまったというのである。

では、そのとき棟札が炎で焙られ、改修工事が行われた後に屋根裏に戻されたのか。

だが、それでは子どもたちが生活させられていたと思しきあの状態とは矛盾が生じる。

謎を残して、入居から一年後、一家は当初の予定通り再び引っ越した。

新築の家に移ると洋一さんはすぐに前の家のことを忘れて日々を過ごすようになったが、その後、あるとき地元の友だちに「あそこ、ヤバいだろ？」と言われた。

ピンと来たので「あの旅館だった家のこと？」と訊き返すと、そうだとうなずく。

「実は、洋一が引っ越してから、うちが借りだんだ。だども、とんだお化け屋敷だったから、ひと月で引っ越したよ！」

この後、家はすぐに貸しに出されたという。数年後、隣家が火事になり、貰い火で壁が焼けたときも直ちに修復されて、しかる後に借り手がついた。

実は、長い年月の間に、ここの家主は何度か変わっていた。それでも常に貸家になり、誰かが退去したとしても間を置かずに借り手が現れる。そうした状況が繰り返されているのだ。

——もしかすると、今もまだ、哀れな幼子たちが棲んでいるのかもしれない。

私はそう思う。

なぜならモダンに塗り替えられていく景色の中で、令和の現在も、あの家だけは、ほぼ変わらぬ姿で在りつづけているからだ。門かぶりの松までも健在だ。

今回インタビューさせていただきながら現在のマップアプリの画像をお見せしたところ、洋一さんも驚いていらっしゃった。

屋根裏の亡霊たちが変化を拒み、彼らの棲み処をひそかに守っているのではなかろうか。

# 二軒　じゅずつなぎ

八十年代の半ば頃、貴春さんは五歳の冬に祖父を亡くした。

母方の祖父であったが、父が肉親と縁が薄い人だったから、貴春さんにとって「おじいちゃん」といえば他になく、祖父が祖母や伯父と住む田舎の一軒家に遊びに行ったことは数えきれないほどあった。

しかし、それまでは、家の周りの平らかな野原や田畑が、見渡す限り祖父の持ち物だったとは思いもよらなかった。

彼の祖父は江戸以来の豪農の末裔であった。そして、祖父が他界すると、貴春さんの母は、四人の兄弟と共に、遺された土地を相続したのである。

遠からず自分たちの家を建てるつもりだった父は喜び、そこに住まいを新築した。

母の兄弟たちも同じように、祖父から受け継いだ土地に家を建てた。

――すると、農地を貫く一本道に、五軒の家が数珠繋ぎに並ぶことになった。

建物同士は二、三百メートルずつ間隔を空けていたが、各敷地は接しており、数珠繋ぎで間違いない。一族の住まいがこれほど結集したのは百年ぶりのことだった。

道は二車線の道路で、東西に長く走っていた。

東の端に、幕末に建った大きな古民家がある。これが母ら五人の生家であり、祖父が統べていた本家。如何にも旧家という風情で、当初は長男が継ぐものと思われたが、文化財的な価値とは裏腹な住みづらさを長男夫婦が嫌った。

一方、次男は四十路になっても独り者で、生まれてこの方、この家で暮らしていた。そこで変則的だが、次男が本家を貰って、これまで通り祖母と同居することになった。

長男は、本家の西隣に現代的な家を建てて、妻と二人で住んだ。

三男は、その隣に造った家で、新婚の妻と。

四男は、そのまた隣に、彼と妻、そして少年野球で活躍している一人息子の三人家族で。

紅一点の長女である貴春さんの母は、西の端の土地を継いだ。

彼の両親が建てた家は、豪壮な邸宅であった――折しもバブル真っ只中の時節であり、父は大手ゼネコンの下請け建設会社を経営していたのだ。

祖父の死から一年あまり後、そこへ引っ越した。

それまでは、蔵造りの家並みで知られる小江戸川越の下町で、二歳の弟を含め一家四人で借家暮らしを送っていたので環境が一変したが、当初は彼も新しい家に住めることが嬉しくて、はしゃいでいたという。

転居からほどなくして、両親が二人とも腰痛持ちになった。

最初は引っ越しの後片づけで張り切りすぎたのだと夫婦して苦笑いしながら、祖母から紹介された接骨院に通っていたが、一年、二年……と治療を受けても一向に快復しない。

それればかりか四年後には、まだ小学校低学年の弟が、さらに貴春さんも十二歳で腰痛を発症した。つまり六年以内に家族全員の腰が悪くなってしまったのである。

しかも、名医に診せようが一流の大学病院で検査しようが、原因がわからなかった。骨に異常はなく、椎間板ヘルニアでも神経痛でもなく、どんな病変も見られないのである。

新しい暮らしが始まってから、急に健康を害したのは彼の家族だけではなかった。

長男は入居して間もなく悪性リンパ腫に罹り、入院中に妻と離婚した。看病を嫌がった妻に逃げられたのであった。寛解して退院したときには五十手前で無職の身体障碍者。専業主婦だった四男の妻が彼の介護に当たることになったが……何をどう介護させようとしたものか、四男の妻を乱暴に押し倒した。

このときの怪我が原因で、四男の妻も腰痛に悩まされることになった。

すると不思議なことに、まだ三十歳と若かった四男自身と、小学生の一人息子も腰の痛みを訴えだした。彼らの腰痛は貴春さん一家のケースと同じく原因不明で、一人息子は熱心にやっていた少年野球をやめてしまった。

三男は、引っ越してきた直後に鬱を患って自殺未遂を繰り返した挙句、発病から五年後、鴨居に縄を掛けて首を吊り、一命は取り留めたものの、首から下が麻痺して寝たきりになった。彼の妻が世話をしていたが、それからいくらも経たず、今度はこの家の幼い娘が門前で車にはねられた――親の目が行き届かなくなったことも一因だろうか。娘は重い脳挫傷を負い、快復後も癲癇（てんかん）発作の後遺症が残った。

残るは本家。次男が継いだ家だ。彼は晩婚なだけで、遺産相続後も十年以上無事だった。だが、五十路に差し掛かって念願の結婚をした途端に、新妻が急病死したのである。

――五軒が数珠繋ぎになってから数年のうちに、無傷の家は一軒もなくなった。

これで終わりでもない。この負の連鎖は、いつ止まるとも知れなかったのである。

本家が花嫁を迎える二、三年前、貴春さんが中三のときのことだ。

間もなく夏休みという七月の土曜日、午前授業を終えて帰宅すると、彼は二階の自室で昼寝した。一二歳からの腰痛は相変わらずで、猛暑の折で夏バテ気味でもあったのだ。

冷房を掛けてベッドに横たわると、たちまち瞼（まぶた）が重くなった。食事の支度ができたら母か弟が起こしてくれるだろうと思っていたのだが……。

息苦しさを覚えて目を開けたら天井が薄墨色に翳(かげ)っており、物音一つしない。

咄嗟に首だけ動かして窓の方を見やると、仄暗い空を背にして、今しも見知らぬ男が侵入しようとするところだった。男と目が合い、恐怖が全身を突き抜けたが、逃げようと思うのに体が動かない。悲鳴を上げようにも、なぜか声も出ない。

その間に男が窓枠を乗り越えた。床に降り立った勢いのまま、こちらに迫ってくる構えだ。

貴春さんは死をも覚悟して目を瞑り、ただ、必死に頭の中で足掻いた。

――と、閉じた瞼の向こうが急に明るんだ。

恐る恐る目を開けると、白い天井が視界一面に広がった。カーテン越しに夏空が輝いている。さっきは日没直後か、または未明かと思うほど薄暗かったのに……。

時計を確かめたところ、横になってから十分も経っていなかった。

窓が開けられた形跡もない。窓辺から外のようすを窺ってみても、いつもと変わらぬ景色が見えるばかりだった――東を向いた窓である。この家は盛り土をして建てたので、彼の部屋からは、親戚の家が四軒直列している一種独特な風景が眺め渡せた。

ただ、そのときは、窓から侵入してきた男が、遠い東の本家から順々に伯父や従兄妹たちの家をピョンピョンと渡って、とうとう西の端にあるこの家まで来たのだ、と、妄想と呼ぶには鋭利すぎる直感のようなものを覚えて、嫌な気持ちになった。

――悪い夢を見ただけだ。

強く自分に言い聞かせて、間もなく呼びに来た弟に「さっきこんな夢を見てさ」と軽く打ち明けようとした。しかし本題に入る前に電話が鳴った。

ベッドサイドに置いてある、家の固定電話の子機だ。ときどき彼はこれで仲の良い従兄や友人と長電話していた。それを知っている弟は、彼が受話器を取るとすぐ、「昼飯、先に食べるよ」と言いおいて部屋から出ていった——が、電話は出た直後に切れてしまった。

次に彼は母にこの件を話そうとした。すると突然、夢の内容を忘れてしまった。

そのときから、男の目鼻立ちや服装については何も思い出せなくなった。

学校では、友人Aに向かって話しだした直後に、友人Bが割り込んできた。

誰にも伝えられないと悟り、彼は呆然と、東の窓から親戚の家々を眺めた。

——あの男は、本家の方角から来た。どの家にも悪いことが起きている。

偶然だと信じるには、彼は幸福から遠すぎた。

すでにこの頃、父の事業は傾き、彼の母は、父の部下と不倫関係に陥っていたのである。

弟は地元の不良少年のグループに接近して、日増しに非行化しつつあった。

貴春さん自身は、じわじわと心の病に取り憑かれはじめていた。

数ヶ月後、せっかく入学した高校を不登校のまま退学し、精神科に通うとき以外は自分の部屋のベッドで寝ているようになった。いくらでも眠れた。夢の中にいるような浮遊感にいつも囚われており、自分と世界の間に果てしなく距離を感じた――精神科医には診断名が付かないと言われていた。離人症や過眠といった症状名ばかりが積み重ねられていく。

そんな折に、ついに父の会社が不渡りを出した。血走った眼で「夜逃げするぞ」と父に叩き起こされ、力ずくで車に押し込まれて……気づけば母と弟の姿がなかった。

母は浮気相手のもとへ。弟は不良仲間のところへ。

てんでに逃げてしまったのだと、東京へ向かう車の中で父は自嘲気味に語った。


貴春さんは、東京で速やかに健康を取り戻した。

蕎麦屋の二階に父と住み込んで厨房や出前を手伝いながら勉強を再開し、二年あまり後に夜間高校に通いはじめた。卒業する頃には別人のように逞しくなっていた。

蕎麦屋を紹介してくれた父の知り合いは易者で、この人によれば、七年後の四月二日に母から連絡があり、その後は四人全員が再び絆を深めて、円満に暮らせるようになるとのこと。

母とは連絡が取れなくなっていた。父は、浮気されたことを恨んでおらず、ひたすら自分を責めていた。復縁するのは無理でも苦労を掛けたことを謝りたいと言い、蕎麦屋の二階に落ち着いてからは、さまざまな仕事をしながら母を探しつづけていた。

まったく手掛かりが摑めずにいたのだが、貴春さんが大学に入学する直前、突然、母から蕎麦屋に電話が掛かってきた。

なんとそれが蕎麦屋に落ち着いてから七年後の四月二日。易者の占いが的中したのだ。母は不倫相手と別れていた。独りで働いていたが、脳梗塞で倒れてしまったので恥を忍んで父に助けを求めたのであった。父は喜んで引き受けた。すでに借り入れの消滅時効を迎えて社会復帰していたのだ。再会したその日に、二人は元の鞘に納まった。

時を同じくして、すっかり更生した弟が恋人を連れて蕎麦屋を訪ねあててきた。彼女と結婚するから証人になってほしいと弟は父に言った。

こうして貴春さんの家族は快復した。いつのまにか、みんなの腰痛も治っていた。

それから数年後、彼が三十歳のとき、祖母危篤の知らせが本家の伯父から届いた。弟と父は仕事の都合がつかず、彼と母が二人で川越の本家を訪れた。

十三年ぶりに親戚と再会してみたら、祖父母の長男、三男、四男が鬼籍に入っていた。祖母も、生き残った子や孫に見守られながら臨終を迎えた。

だが、それだけでは済まなかった。

――祖母の通夜の席に、参列すると言っていた三男の娘が現れなかった。

癲癇の持病があるから心配だと言って四男の息子が見に行くと、耳から血を流して事切れていた。まだ二十歳。早すぎる死だった。検死結果によれば、祖母の通夜に行く支度をしている最中に発作で倒れ、運悪く頭を強打したのだという。

立て続けにお葬式をあげることになり、貴春さんと母は、準備の合間に、かつて住んでいた家を見に行った。

母が相続した広い土地も、父が建てた豪邸も、あれから競売に掛けられて、新たな住人を得たはずだった。

しかし、見れば庭は荒れ果て、雨戸を閉め切って空き家のように寂れている。

そこで母が伯母に訊ねてみたところ、小学生の兄弟がいる四人家族が入居したのだが、来て間もなく父親が自殺、兄弟も相次いで事故や病気で亡くなり、未亡人となった母親が数年前から独りで引き籠もっているということだった。

ところが翌日、伯母が葬式で大勢家の前を行き来して迷惑を掛けたから、と、詫びに行ったことで、未亡人が失踪していたことが明らかになったのである。

その後、従兄や伯母も土地を離れ、貴春さんの家族は、母でさえも、足を向けていない。

本家を継いだ伯父だけは八十代の今も健在で、先祖伝来の土地を守りつづけているが、跡取りがいない。祖母と従妹の葬儀の後、伯父から養子に来ないかと誘われたが、貴春さんはきっぱり断った。従兄も即座に断ったようだ。

数珠の糸は切れた。関東平野の農地は徐々に宅地転用が進んでいる。

緑の大地に血縁で結ばれた五軒が並ぶ景色は、早晩、遺された人々の記憶に埋もれていくのだろう。

# 三軒　こしかた



東京の江戸川区に来し方あり。

なにせ海辺であるから埋め立て地が多い。区域の南の方は、昔はあらかた海の中だった。かと思えば人工の水路もある。大正二年から昭和五年にかけて十七年がかりで造られた荒川放水路。昨今は埼玉から下る天然自然の一級河川・荒川の威光を借りて「荒川」と称し、一丁前に川のふりをしているが、本当は東京の南端のそれは、古い町から千三百戸あまりの人家や寺を退かして出来た別物である。

しかる後に、昭和十一年、河畔の町の一角に小松川警察署の旧庁舎が建てられた。さらに、昭和四十年代半ばに旧庁舎が移転すると、跡地に第七方面交通機動隊の分駐所が入った。

ちょうどその頃からここで理髪店を経営してきた秀晴さんにとって、数年前に分駐所が閉鎖してしまったのは痛かった。

第七方面交通機動隊といえば白バイ精鋭部隊。いかついイメージだが実際には気の好い若者が多く、入れ代わり立ち代わり来てくれるから、良い商売になったものだ。とはいえ旧分駐所の周辺には、警察署の独身寮や署長の官舎がその後も残り、ふつうの住人の多い地域でもあるから、なんとか食べていけている。

秀晴さんは町会の用があるとき、会員宅だけではなく、警察の官舎にも欠かさず足を運ぶことにしている。

三年ほど前の年の瀬に、官舎を訪ねたら署長が交代していた。聞いていなかったので、先任者から頼まれていた年末に町会で頒布する神社の札を持ってきた秀晴さんは少し困惑したが、思い切って新署長にお札と理髪店の名刺を手渡した。

「このお札は、どうぞここに祀ってください。先代の署長さんもそうしてくれとおっしゃると思うんで……。地元の神さまがこの町の住人を一年間守ってくださる、そうしたもんですから、あまり難しく考えず。お代は済んでますから、私はこれで失礼します」

――と、こんなことがあった翌日、その署長がふらりと店を訪れた。

「昨日のお札の貼り方を教えていただけませんか？　ついでに床屋をしてもらえると……」

ついでと言うなら逆だろう。彼はそう思ったが、床屋をする、という古い言い回しが懐かしく、また、あらためて、新署長のキリリとした短髪を見て嬉しくなった。

こういうカッチリした刈り上げ頭は、足しげく「床屋」に通わないと保てないのである。

心をこめて髪を整えて髭を当たった後、お札の祀り方を簡単に教えてさしあげた。

最後に「本当は神社で訊いた方が良いと思いますよ」と言い添えると、署長は「実は最近気になることを聞いていたので、取り急ぎこちらへ伺ったわけです」と応えた。

「そんな言いようをされたら、私まで気になっちゃいますよ。何です?」

「ええ、少々変な話で恐縮ですが……この辺りには少女の幽霊が出るそうですね?」

聞けば、昨日、同僚に「例の女の子、まだ見ていませんか」と言われたのだという。

「その同僚によると、昔この辺り一帯に墓地があって、荒川放水路の工事で広範囲にどかしたせいで、いまだに障りがあるとか……少女の霊がさまよっているとか……」

「ええ、ええ」と秀晴さんは応えた。「少女の幽霊の話は、よく聞きます。でも官舎じゃなくて、旧分駐所とその周り……並びに建っている空き家はご存じで? あそこらへんです」

途端に、署長はサッと顔色を変えて、「あの空き家か!」と大声を出した。

何か思い当たることがあったのだろうと秀晴さんは思ったが、初来店のお客さまではあり、あえて聞き出そうとはしなかった。「さっそく神社にお参りしようと思います」と署長は言って、刈りたての頭を撫で撫で去っていった。

客が途切れたので手早く掃除しながら、秀晴さんは、問題の空き家について思いを巡らせた。

——あの家の門口に白い煙が立っているのを目撃したのは、今年の盆の入りのことだ。それまで、第七方面交通機動隊の分駐所に出没する幽霊については、三十年近い年月の間に何度となく聞いていていた。

——駐輪場に女の子がいると思ったら消えた。集合写真に青いオーブが写り込んだ。残業中に女の子の笑い声を聞いた——こんな他愛ない話ばかりで、怖いと思ったためしがなかったが、空き家の煙には、足をすくわれて転んだ先が底なしの奈落だった、というような現実味を帯びた不気味さを感じた。

無論、ただの煙ではなく、不思議なものではあった。

たとえば、その家の門から少し入った玄関先に、地面から湧き出ていた、とか……。

小柄な人間ぐらいの大きさで、かつてあの家に住んでいた奥さんを想い起こしたとか。

盆の入りという時季も悪く、長年ここで店を営んできたからこそ知り得る事実の重みを、ひしひしと感じたものである。

十一、二年前まで、あの家には社名を記した看板が掛かっていた。土木工事用の車両や何かをレンタルする会社の事務所を兼ねた住居で、社長の一家が住んでいたのだ。

——私より少し年上の社長さん。副社長をしている息子さん。奥さんは経理担当。

秀晴さんの記憶する社長は、五十代から六十代半ばまでの、エネルギッシュな旦那だ。その妻は、頭が切れるしっかり者で、如才なく、身ぎれいな奥さん。

跡取り息子は、学生の頃に一、二度来てくれただけだが、利発そうな青年だった。

——社長の取引先の工務店の店長さんは、今でも存命だけれど。

彼ら三人も、これからもずっとつつがなく暮らしていく、と思い込んでいたのだが。

最初に異変を知らせてくれたのは、工務店の店長だった。

「あのさ、ここだけの話だけどよ」と店長は、そのとき声を低くして話しかけてきた。

「すぐそこのさ、俺がときどきお世話になってる会社がちょっくら変なことになってんの。何か聞いてる？　……あ、そう。知らないなら話すけどさ……内緒で頼む」

「わかってますよ。変なこと？　初耳ですけど、あの社長さんに何か？」

「いや、社長じゃなく、奥さんが鬱病で入院されたんだ。息子さんも仕事を休まなきゃならないほどの頭痛で、病院に検査入院しちゃって。そしたらよ、悩んだ挙句にさ」

——家のせいだと思う。

そう考えた社長から、この工務店に改築の注文が入ったというのである。

当時は折からの風水ブームで、テレビのバラエティー番組などに風水師が出演して、家の方角や間取りで運勢を好転させ得るという風説を広めていた。

その影響で、リフォームを多く請け負う工務店やインテリアデザイナーには、民間団体で風水を学ぶ傾向があったのだ。

この工務店も例に漏れず、風水鑑定を改築工事にオプションで付けていた。

家族経営の極小会社で、頼みの家族が倒れてしまい、藁にもすがったのであろう。社長から風水鑑定を依頼された工務店では、鑑定士の資格を取得したスタッフを出向かせた——「ついでみたいなもんよ」と店長は秀晴さんに言った。

「間取りを調べて見積を取りに行くのがメインだ。それなのに、そいつときたら足がすくんで入れませんでしたぁって言って帰ってきちまった！　玄関の三和土に立ち尽くしたまんま、上がり框に上がれなかったんだと。昼間なのに家ん中がやけに暗くって、何とも言えず嫌な感じがして、吐きそうになったから飛び出してきたと言うからさ」

社長に平謝りに謝り、その日は予定が詰まっていたので、後日、店長自身が訪ねるとし、お互いに日時を押さえた——と店長はこのとき秀晴さんに語った。

しかし、それは果たせぬ約束となった。

社長は、秀晴さんがこのことを聞いた翌日の白昼、近郊の取引先に自家用車で向かう途中、交差点で信号待ちをしているときに突然死した。信号が変わっても停止したままなので業を煮やした後続車の運転手が、彼の死の発見者となったという。

それから間を置かず、元より鬱病による希死念慮があった社長の妻が後追い自殺し、息子は退院して、工務店の店長をはじめ懇意の取引先を巡って父の跡を継ぐ覚悟を告げたのだが、半年も経たず会社は倒産。

倒産した旨を知らせる貼り紙が玄関に貼り出されてから、ひと月ほど経って、再び来店した店長から、秀晴さんは後日談を聞いた。

「息子さん、行方不明だって。自転車操業で借金がだいぶあったみたいだね。死んでなきゃいいが、命あっての物種と言っても、頭痛も治っていなかったようだし。気の毒に」

――そういう出来事があった。


不幸があの家を襲う前、悪い予兆も何もない、健やかな日々を秀晴さんは想う。

年末恒例の町会のお札配りで、あの家を訪ねたこともあった。

奥さんにお札を手渡して、出掛けていることが多かったが、居れば息子さんと社長さんにも挨拶をしたものだ。

年月が経ち、近頃はだいぶ廃屋然としてきた家のこれまでを知る身には、盆の入りの昼、門口に立っていた白い煙が何より恐ろしかった、という。

# 四軒　おきざり

日本の各地に大名庭園があるが、多くは後世において復元された施設で、名古屋の《徳川園》もその一つだ。

美しい日本庭園である。池を回遊する様式美、巨岩や清流、樹々による模擬的な深山幽谷、四季折々の花と紅葉や歴史を伝える井戸や塀――来訪者の多くは、江戸の昔から変わらぬ姿を保っているものと誤解するのではないかと思う。

しかしながら、実は元禄時代に徳川御三家筆頭の尾張藩二代藩主光友が造った庭の精巧なレプリカなのだ。この庭は明治維新以降、何度も死と再生を繰り返しており、最たるものは昭和二十年三月十九日の大空襲による壊滅的な破壊であった。

ここ名古屋市東区は午前二時頃からの大規模爆撃で焼け野原となり、徳川園も灰燼に帰した。

たった一晩で、四万棟に迫る家々が周辺から消え失せた。東区と周辺の中区、中村区で合わせて、一般住宅の住民八百二十六人が死に、二千七百二十八人が負傷したという。

終戦の翌年、庭園跡地は《葵公園》として蘇った。はじめは池とグラウンドだけだったが、戦後の復興と歩調を合わせて設備が充実していった。遊具のある児童公園が造られ、やがて区民プールと名古屋市図書館、結婚式場が整えられて、市民の憩いの場となった。

平成元年に名称が《徳川園》に戻されても尚、この状態が平成十六年頃まで続き、今のような日本庭園に改修されたのは平成十七年のことである。

――菜央美さんが、まだ児童公園や図書館のあった徳川園のそばに引っ越してきたのは、彼女が五歳、姉が七歳の頃だった。

母に手を引かれて連れてこられたとき、「お店に住むの？」と彼女は訊ねた――国道に面したビルの前で母が立ち止まり、そこの一階が商店だったからだ。

建坪が狭い四階建てのビルであった。二階から上が賃貸住宅で、一フロアごとに二部屋ずつ貸し出されていた。どの部屋も、四畳と六畳の二間と台所、バストイレという簡素な造りで、エレベーターは無い。エアコンは窓付け。給湯器やガス台も古めかしい。

築造された昭和四十六年から手を入れられておらず、あたかも時を止めたかのよう。

――菜央美さんたち三人は、昭和五十九年から、ここに十年間住んだ。

徳川園が近隣住民向けの公園施設だったときと、住んでいた期間、そして彼女の子ども時代がピタリと重なるので、離婚後の住まいとしてここを選んだ母親は慧眼だったと思う。学校も近く、近隣には寺院も多く、治安も良い。家計が許す中で最適な環境であろう。心霊現象と引っ越し費用を天秤に掛けた場合、前者を選んでお化けを我慢したくなるような一家の経済事情。それに対する環境の素晴らしさ。何事もバランスである。

——怪異は、入居初日から訪れた。

奥の四畳の箪笥(たんす)を入れて蒲団を三組敷くと、畳がほとんど隠れた。箪笥に枕の上をくっつけて足もとに細く通路を空け、三人で川の字になって横たわる。真ん中に寝た母が、天井の照明器具から垂れた紐を引いて消した。

菜央美さんは後から聞いたのだが、幼い娘たちが寝入ると、決まって、箪笥で隠れた壁際からトテッ……と軽い足音が聞こえはじめる。

子どもの足音だ、と、姉妹の母には即座にわかるが、続いて足音がトテトテと歩いている場所には、どう考えても空間がない。だって箪笥を置いているのだから。

けれども、その「子」はトテトテトテッと歩いてきて、彼女の枕の上辺りで止まった。そして再びトテトテと姉娘の枕の上を通り越したと思ったら、戻ってきた。

——いつも二、三回、往復すると、どこかへ行ってしまうのだった。

箪笥の後ろにも、枕と箪笥の間にも、少しも隙間がないが、此の世の道理を超えた存在には気にもならないに違いなかった。

彼女によれば、洗面所の鏡の上の方に小さな手形が十も二十も捺されていたことも度々だったという。次女の菜央美さんぐらいの幼い子どもの手の跡なのだが、菜央美さんを叱ってもキョトンとしている。

洗面台に上って悪戯したのかと思ったが、あるとき菜央美さんと姉娘がまだ眠っている早朝に鏡が手形だらけだったので、これもまた幽霊の仕業だと悟るしかなかった。だから明け方や深夜に洗面台の鏡を拭いて手形を消すことを日課にしていた——と、入居から十年が経って他所へ移ると、彼女は娘たちに打ち明けた。

「あんたたちが怖がるとあかんで、言わんでいたんだわ」

すると、それを聞いた姉が、「私も変なことがあった」と話しはじめた。

「ほら、私と菜央美ちゃんは、鍵っ子だったでしょう?」

離婚後、母は朝から晩まで、ときには未明まで、仕事を掛け持ちして働いていた。

姉妹は一本ずつ鍵を持たされていたのだが、姉によれば、菜央美さんが帰るより前に帰宅して、いざ鍵を開けようとすると、そのとき、部屋の中から聞こえてきたのだという。

——子どもたちが何人かで、笑ったり喋ったりしている声が。

「鍵を開けるとピタッと収まったけど、そういうんが一回や二回じゃなかった。菜央美ちゃんを怖がらせにゃあように、今まで話さなんだんだ」

「私だって！」と菜央美さんは悔しくなって言いかけたが、小さな頃に何か変な体験をしたかといえば一つもない。記憶を浚（さら）って、徳川園で起きた事件の話を引っ張り出した。

「小学校のときの同級生にお寺の子がおって、お父さんが、徳川園の池で溺れ死んだ子どものお葬式を上げたことがあるって言っとった。……あと、これもやっぱり私が小学生の頃に、図書館の駐輪場で男の人が切腹自殺したの、憶えとる？」

母は「そういうことがあったねぇ」と応えたという。

そう、さまざまな出来事が通り過ぎ、大勢の人が亡くなってきた土地である。

いつの時代にか、彼の世に行きそびれ、置き去りにされた魂もあるかもしれない。

## 五軒

# おんなもん

着物人口がそもそも減っていることはさておき、昨今は東京にも着物に女紋（おんなもん）をつけている人がある。西から東へ移住した人々が世代を重ねてきた結果だろう。

女紋は母系紋とも呼ばれるが、従来は東日本ではほとんど見られなかった。

これは西日本で、老舗の商家が家つき娘に入り婿を取って、母から娘へ家業を継がせる習慣が根付いたことによる。

そうしてみると、女紋は、家と家業と血筋を背負った女の印にほかならない。

東の女より地位が高いように見えるが、それだけ家と血に深く縛られている。

女紋の主にとって、紋の入った衣装や簞笥は己の財産の証であると同時に、血脈の業の烙印だろうと思うのだ。

――八年前、大阪の浪恵さんは祖母の遺品整理と家の片づけを手伝わされた。

祖父母の家は、いわゆる女腹で男子が生まれづらく、祖母の子も母と伯母だけ、母の子も娘の浪恵さんだけ。祖母には弟もいたが、戦争の時代であり、長女でもあったから、入り婿を迎えて祖母が家を継いだ。

代々の家業は米問屋だったが、戦後は町の米屋として、米を扱う他に煙草や清涼飲料水も商ってきた。今の商売の形に落ち着いた頃に建て替えた家は店舗を兼ねており、なかなか立派な数寄屋（すきや）造りで、建坪も大きかった。

だが老朽化が進み、時代が進歩するにつれて暮らしづらくもなってきて、近年はずっと、母や伯母、その他の親戚はみんなして、建て直すことを祖母に提案してきたのだった。

だが祖母は「わての目の玉の黒いうちは許さへん！」と頑固で、絶対に折れなかった。数寄屋造りの構造を残しつつリノベーションするのはどうか、という意見にすら「財産を減らす気か」と激怒するので手がつけられなかったものである。

しかし、その祖母がついに亡くなった。百寿の大往生。待ちきれずに先に鬼籍に入った親戚も少なからず……などという些事は措いて、それが前年の冬のことだった。

暑くなるまでに片づけようという伯母と母、そして浪恵さんとで、四十九日が済んで間もなく、遺された家の敷居をまたいだ。

三馬力では一日や二日で終わるものではなく、浪恵さんも飛び飛びに何度か通った。

——春も深まった、あるときのこと。

またいつものように祖母の家を片づけていたところ、隣の部屋にいた母が「ちょっと来てくれへんか?」と浪恵さんを呼んだ。

行ってみると、そこにある桐箪笥を指して、上から二段目の抽斗を開けてほしいと言われた。自分でやればいいではないか。何かつかえて開かないのかしら、と、訝しく思いながら、踏み台に乗って把手に手を掛けると、案に反し、スルスルと抽斗が出てきた。

紙魚が喰い尽くしたのか、ボロボロになった一摑みの紙片が入っているだけだ。

「なんも入ってへんよ」と母に言うと「写真があらしまへんやろか」と訊き返された。

無いと答えたら、深々と溜め息を吐いて天井を振り仰ぐ。何を大袈裟な、と不思議になって、渋る母から聞き出したのが、なんだか怖い話だった。

——浪恵さんの曾祖母にまつわる逸話である。

彼女の曾祖母だから、母にとっての祖母だ。この家を建てた人でもあるが、身を粉にして働く一方で、誰に対しても物腰の柔らかい、穏やかで優しい性質だったという。

母は、この良妻賢母のお手本のようなおばあちゃんに非常に懐いていた。中学生になっても、家に帰ってくると、まずはおばあちゃんの部屋へ行ったというからよっぽどだ。

中一か中二の頃のある日、いつものように部屋へ行くと、曾祖母は大きな桐箪笥を背にして繕い物をしていた。そこが曾祖母の定位置だった。桐箪笥を守っているかのように。

母は、そばでしばらく本を読んでいたが、やがて飽きてきたので、前々から気になっていたことを口に出した――「その箪笥、開けてもええ？」と。

それまでに、あかん、と、言われたことが何度かあった。針仕事してるさかい。おばあちゃん立つのが難儀なんや。言い訳は何パターンもあり、毎度引き下がってきたのだが。

曾祖母は、鼻眼鏡を少し下げて彼女をじっと見ると、「ぼちぼちわかる年頃やさけ、ええで」と応えて、箪笥から離れた場所に裁縫道具と座布団を持って座り直した。そして黙って針仕事を再開したので、母は喜んで箪笥の抽斗を順繰りに開け始めた。

女紋を烙印した、たいへん大きな桐箪笥である。上の方の抽斗や戸棚は、踏み台に乗らないと開けられないので下の方から見はじめた。着物、帯、和装小物、装身具……と、上へ向かうにつれて値打ちのありそうな持ち物が現れる。踏み台が要る辺りには、さぞかし珍しい品物が隠されているだろうと思った。

しかし、上から二段目の抽斗から出てきたのは、キャビネ判のモノクロ写真が一枚。

それ以外は何も入っていなかった。写真館で撮ったものだろう。三十前後の燕尾服を着た紳士が椅子に座った着物の女の肩に軽く手を載せており、二人とも正面を向いている。

ふつうは夫婦かと思うところだ。この紳士が、おじいちゃんでなければ。

「おばあちゃん、これって……」と、浪恵さんの母は口ごもった。

写真を手に持って踏み台を下りる、窓の明かりにかざしてみても、やはり男の面影に見間違いようはなく、女の方はおばあちゃんとは似ても似つかない。黄ばんだモノクロ写真でも一見してわかる美貌である。おばあちゃんが鶏ならこちらは白鳥というほどの。

おまけに、明るいところでしげしげと眺めたら、さらに嫌なことに気づいてしまった。――女の胸の辺りにプスプスと針孔があるのだ。そこのところだけ裏を触るとザラザラするくらい、十も二十も細い孔が写真を突き抜けている。

「それな、おじいちゃんとお妾さんやねん。おじいちゃんが帰ってこない晩は、この写真にこの針でこうして……胸んとこを刺してやってたねん。そしたら、どないや。そのお妾さん、肺をいわしてくたばってもうたんや！　それで、おじいちゃんな、自分も伝染(うつ)ったかもしれへん言うて一ヶ月も寝込んだんやで」

――ヒャヒャヒャヒャッと意地悪く笑う曾祖母は、いつものおばあちゃんではなかった。

浪恵さんの母はそう言って、あらためて怖気を震い、さらに話を続けた。

これには後日談があったのだ。やがて「おばあちゃん」が亡くなると、親戚たちがこんな昔話を聞かせてくれた――おじいちゃんは若い頃から道楽者でお座敷遊びにうつつを抜かしていたが、あるとき、とある芸妓に入れあげて別宅を買い与えると、そちらに入り浸るようになった。家業を投げ出し、大事な取引先が来るようなときも帰ってこない。そのせいで、おばあちゃんは散々肩身の狭い思いをした――。

「でもな、そのお妾さん間もなく結核で亡くなってん」と何も知らない親戚が言うのを聞いて、浪恵さんの母は鳥肌が止まらなかったとのこと。
「おばあちゃんがあんな話をしたのは、うちが大きうなったから……。それと、おじいちゃんが死んだ後やったからやろねぇ」と浪恵さんに言って、心なしか蒼ざめていたそうだ。

浪恵さんの祖母は、曾祖母と違って勝ち気なのを隠そうともせず、傲慢で横柄な物言いが目立つ厄介な性格ではあったが、その分、裏表がない人ではあった。

曾祖母が遺したような怖い逸話は一つもなく、他界してから、女だてらによく財産を守ったことで評判が上がった。祖母の頑固や我儘も年々、笑い話に変わっていった。

――もっとも家を弄られるのは、死んでも我慢がならなかったようだ。

三人で片づけに来て、日が暮れてきたので帰ろうとすると、伯母が下駄箱の鍵掛けに吊しておいたこの家の鍵がない。鍵を掛けずには帰れないので手分けして探していたら、いつのまにか鍵掛けに戻されていたことが、三、四回もあった。

浪恵さんの腕時計が失くなったときもある。掃除をするのに邪魔になるから外して、自分のバッグにしまっておき、いざ帰ろうとしたら消えていた。

あちこち探したが見つからず、あきらめて帰ろうと思った段になって、バッグの中から時計が出てきたので、鍵と似たパターンである。

四年前、母と伯母が、この家に司法書士を招いて相続登記の相談をしていたときには、浪恵さんがお茶を淹れて持っていくと、瀟洒なランプ型の卓上ライトが、ぼうっと点灯した。ライトのコードはテーブルの足もとに垂れて、のたり……と、とぐろを巻いており、プラグの金具が鈍く光っていた。コンセントから抜けているのだ。

全員が唖然として見つめる中、ライトはゆっくり点いたり消えたりしはじめた。

これには司法書士も色を失い、母も「この家には触らない方が……」と弱気になってしまったが、伯母は祖母譲りの負けん気を発揮し、鬼の形相でライトの電球を外して消した。

さらに、その後、「強行突破や!」と宣言して、解体工事の手続きを取って家屋を潰した。

しかし、工事開始と同時に伯母は膀胱炎になった。病院で処方してもらった薬を飲んでも真っ赤な血尿が十日も止まらず、ついに恐怖を覚えて、家の檀那寺に頼んで祖母の御霊を供養してもらったところ、ようやく快方へ向かったという。

――こうして女たちの愛憎や執着を見守ってきた家は建て替えられ、あの桐箪笥も不用品として処分された。

だが、物語は語り継がれ、明日へ伝えられてゆく。

# 六軒　おにどの

──一部で知られた幽霊屋敷の話を書こうと思う。

ちなみに、怨霊が棲んで怪異を為す家は大昔から存在したようで、平安時代の『今昔物語集』にも書かれている。

《今昔、此の三条よりは北、東の洞院よりは東の角は鬼殿と云所也》

こんな書き出しで始まる「三条東洞院鬼殿霊語」の「鬼殿」がそれだ。

鬼殿の「鬼」は、中国由来の鬼（幽霊）であるから、幽霊屋敷という意味になるのだ。

ではなぜ、どんな幽霊が取り憑いていたのかというと──京の都の三条東洞院には昔、松の大木があり、あるとき木陰を通りかかった男が乗っていた馬もろとも雷に打たれて死んだ。

彼は幽霊になってその場に留まり、後日そこに家が建っても離れなかった。そのため、その家では頻繁に不吉な出来事が起きて、幽霊屋敷（鬼殿）として人口に膾炙（かいしゃ）するようになったとのことで、いわゆる地縛霊が祟っていたという、現代怪談でもお馴染みのパターンである。

ちなみに平安京で一番有名な鬼殿は、三条西洞院の藤原朝成(あさひら)邸だったそうだ。

朝成は藤原伊尹(これただ)と揉めて出世の道を閉ざされ、伊尹の一族郎党を子々孫々まで祟り殺すと誓いつつ憤死した、あるいは生霊となって伊尹を祟り殺した、などとされる。もっとも、史実では朝成も伊尹と同時に蔵人頭(くろうどのとう)の役に就けたし、伊尹よりも長生きしたというから、こちらの鬼殿説は創作なのだろう。

――さて、枕はこれぐらいにして本題に入る。現代の鬼殿も数多あるが、中でも、テレビや動画配信サイトの怪談番組で再三紹介された家の話を、当家の主からお聴きした。

番組などでは「Tさん」「シガーさん」などと呼ばれていたかもしれない。

しかし、ここでは耀介さんという仮のお名前で書かせていただく。


八年前の春、香川県の耀介さんは思い切って自分の家を買った。その頃はまだ三十四歳で独身、実家で両親と同居していたから、彼の人生で五指に入る重大な決断をしたものである。

しかも7LDKの大邸宅とあっては尚更。……いや、妻子もないのに七部屋もある家を手に入れるのもおかしな話だ。

だから、不動産投資をなさる方なのだろうと初め私は憶測した。

聞けば、やはり当初は投資のつもりもあったとか……。

だが、その家を見た途端に惚れ込んでしまい、自分で住みたくなったのだという。

そもそも彼は、積極的に物件を探していたわけでもなかった。

ただ、貯金もそれなりに出来たし、そろそろ実家を出たいと考えてはいた。また、不動産投資にも興味があった。

そこで、しばらく前から周囲に「どこに住もう?」「アパートを借りた方がええやろか?それともマンションか家を買った方がええかな?」などと相談していたのである。

すると、この噂を聞きつけた知り合いが、彼のもとを訪ねてきて言うことには、

「私の家を買ってくれませんか。二十数年前に建てた家やけど、中古物件としても五千万ぐらいで売りに出とるクラスの、良い家なんや。現金一括で買ってくださるなら三千万でお譲りします。……どうか、助ける思うて考えてくれんか?　お願いします!」

当然、面喰らった。知り合いと言っても、少し面識があるという程度で、特に親しかったわけではない。なにしろ世代が異なる。この人は、彼の父親よりも年上だと思われた。

職業も、よく知らない。初対面のとき、共通の知人に実業家だと紹介されたことがあるだけだ。そのときは、バブル時代を知っているのだろうな、と羨ましく思ったものだ。

唐突な申し出で、咄嗟に返事もできなかったが、間もなく耀介さんは、この人を指して「昔は羽振りが良かった」と誰かが言っていたことを思い出した。

また、一、二年前に奥さんを脳腫瘍で亡くされたとか、子どもがおらず、犬を溺愛してい

るとか、人づてに耳にしたことがあった。

何か悲しいことが、あったのだ。

年長の男がこんな若造に頭を下げるからには、よほど困っているに違いない。そう思った彼は、「見るだけですよ?」と念押しした上で、家を内見させてもらうことにした。

——そして、一目で惚れ込んでしまったのである。

まず、新しさに驚いた。平成五年頃に完工した建物のはずが、あまり築年数を感じなかった。生き物のように新陳代謝をしているのではないか? そんな馬鹿げた想像をしてしまうほど、傷みが目立たない。家主に最近リフォームしたのか聞いてみると、していないという答えが返ってきた。考えてみれば、この人に改築する余裕があるわけもなかった。

それに、古びないシックなデザインで、豪邸にありがちな成金感もなかった。強いて言えば、外壁の色が彼の好みと違った。これは塗り替えよう……と、この時点で彼は、すでにこの家を自分の物にしたかのように計画を立てはじめた。

外壁の色の他に、玄関ポーチの庇（ひさし）に変な突起物が付いているのも気になった。

——庇の角の一つから、長さ二十センチぐらいの四角柱が下がっているのである。

あれは何かと家主に訊ねると、そこに飾り柱を立てたが、工事中にデザインを変更して取り除いたという答えが返ってきた。

言われてみれば、庇のもう一方の角には柱があった。突起物は切られた柱の名残なのだ。

「なんでそんなことをしたんですか？　柱があった方が良いでしょう？」

「そこは……支えがのうても平気なんや。柱なんか、ただの飾りじゃけん、いらんよ」

「飾りでも何でも、その角に柱がないのは不自然ですよ」

家主は舌先で唇を湿して、少し黙った。言おうか言うまいか躊躇しているようだったが、おもむろに体ごと振り向いて、そちらにあるこの家の門の方角を指差すと、

「あちらが鬼門じゃけん。建てとる最中に気がついたんやわい」と言った。

「ハハア、鬼門除けですか！　なるほどねぇ……」

耀介さんは怪談が好きで、会社勤めのかたわら怪談師として活動していた。実話を謳う現代怪談にも、各地の民間信仰が関わる話は少なくない。だから彼は鬼門や鬼門除けについて少し詳しかったのである。

——鬼門の概念は中国発祥だが、日本では平安京で信じられるようになり、次第に全国に広まった。すなわち、あらゆる災いは邪悪な鬼の仕業であり、鬼は北東の鬼門から南西の裏鬼門へと走り抜けるとする信仰だ。

そのため、鬼門や裏鬼門の方角は災難を防ぐために避けるべきだとして、自分の家に鬼門除けの工夫を望む人が今でもいる。

鬼門除けの方法はいくつかあり、代表的なのは京都御所にも見られる「欠け」。

敷地や建物などの、鬼門に当たる角を缺（欠）けさせる、つまり凹ませるのである。

――この家は、工事を始めてから鬼門がある北東の方角に門を設けてしまったことがわかったので、玄関ポーチの鬼門側の柱を缺けさせることで、鬼門除けを施したのだ。もしかすると、工事を請け負った工務店から「こちらが鬼門ですよ」と指摘されたのかもしれない。一般に大工や職人には信心深い人が多いものだ。

ともあれ、耀介さんはこの家を買うことにした。三千万円を現金で支払うと、家主が涙を流さんばかりに喜んだので善行を積んだようにも感じ、後悔はなかった。

その後、両親が懇意にしていた地元の工務店に頼んで、外壁を塗り直してもらった。

ついでに飾り柱の痕跡も取り除いてもらおうとしたが、わけを話すと、工務店の親方が「やったら、さわらんでおいた方がええよ」と尻込みした。

あの出っ張りが気にはなるが、そのうち他所に頼めばいいので引き下がり、すぐに実家から引っ越した。

――入居当日、後片づけを一段落させて二階の寝室に入り、他に誰もいないのだから、と、ドアを閉めずに寝間着に着替えていたら、隣の部屋で何か家具が倒れたとしか思えない物音がした。音だけ聞いたら、木製の椅子かテーブルが倒れたと思うところだ。

しかし隣室にはまだ家具を入れておらず、倒れる物がなかった。そこで、不審者に侵入された可能性も考えて、すぐ警察に通報できるようにスマホを片手に握りしめて行ってみた。

だが、ドアを開けても誰もおらず、何ら変わったところは見られなかった。

時刻は午前二時過ぎ。念のために各部屋を巡って窓の施錠を確認した。玄関など家の出入口もチェックしたが、どこにも異常がなかった。

さっきの音が気のせいだったとは思えないが、その夜は疲れていたので眠ってしまった。

明くる日は休日だったが、友人と飲みに行って、零時過ぎに帰宅した。

午前二時頃、ベッドでスマホを弄っていたところ、階下からカチャリ……と小さな金属音が聞こえたような気がした。

最初は微かな音だったから、今度こそ空耳だろうと思った。だが、少し間を置いて、ガチャガチャッ、ガチャガチャガチャッと……玄関のドアノブを動かす音が……。

他にこんな音を立てる物はない。しかし、こんな丑三つ時に誰が訪れるというのだ。

実家から車で五分の近距離だから「オカンかな?」と自分を安心させるために独り言ちてみたが、母が前触れもなく深夜に来るとしたら何か大事があったとしか考えられない。

そこで彼は、「オカンなの?」と声を張り上げて玄関の方へ呼びかけながら、急いで階段を下りだした。すると、五、六段下りかけた辺りで、階段の下の方がギッと嫌な音を立てて軋んだ。ギッギッと何者かが一階から上ってくる。

オカンではない、と直感した途端、恐怖に心臓を鷲掴みされた。

泡を喰らって二階へ駆け戻ると、寝室に飛び込んでドアに鍵を掛けた。その間にもギッギッギッ……と、誰かが階段を上り切って、二階の廊下へ。

こっちへ来る！　ドアを蹴破られたら、と、思いつき、彼は慌ててクローゼットに隠れた。息を殺して耳をそばだてていると、ややあって、隣の部屋から昨日と同じ音が。

――ガターン！

音は一回だけで、後は深閑と静まり返った。

昨夜は見に行ったが、今度はそんな勇気も失せ、一睡もしないうちに白々と夜が明けてきた。闇と同時に恐怖も去り、すると睡魔が襲ってきて、うとうとしはじめた。

夢うつつに、竹箒で家の周りを掃くような音が鼓膜に届いた。「オカン？」と彼は半ば寝言でつぶやいた。母以外、この家に来て庭掃除をしそうな者はいないから……。

三時間ほど眠った後、スマホの目覚ましアラームに叩き起こされた。今日から出勤せねばならない。寝不足気味で怠い体に鞭打ち、身支度を整えて玄関に行くと、何かが変だ。

よくよく見れば、まだ箱から出していなかったビジネスシューズが、三和土に置かれていた。前夜、帰宅したときに脱ぎ散らかしたスニーカーや、一昨日使った突っ掛けサンダルも上がり框に踵を向けて一足ごとに揃えられ、等間隔で整然と並べられている。

どうにも気になって仕方がないので、彼は通勤途中にスマホから母に電話した。

「オカン、明け方うちに来て何かした？　庭掃除とか片づけとか……」

「するわけがないじゃろわい」と母は笑った。「変な夢でも見たんちゃん？」

——夢ではなかった。その後も度々、玄関の靴が整えられた。それが嫌さに、几帳面に靴を揃える癖がついたほどである。

また、それからも、ほとんど毎晩、午前二時を五分ほど過ぎると、隣の部屋で家具が倒されたかのような音がした。

竹箒の音については、やがて、規則性があることを彼は発見した。

日に二回、明け方と黄昏どきに、ザシュッザシュッと規則正しく竹箒で地べたを掃きながら、家の建物の周囲を逆時計回りに一周して消えるのだ。雨の日は聞こえてこない。

一ヶ月もすると怖さに麻痺した。

あるとき早起きして箒の音を尾けてみたら、気配と音ばかりで人も箒も見当たらなかったが、落ち葉が風に吹き寄せられるようにひとりでに動いて、敷地の外へ追いやられていくようすが観察できた。

何事も慣れである。ここへ来てから三年後、引っ越してきたとき壁の塗り替えをお願いした工務店の親方から「あの家に住んどって嫌なことない？」と訊かれたとき、

「いいえ、何も」と耀介さんは答えた。実はあいかわらず怪異が続いていたのだが。

それからしばらくして、日曜の午前中に家でまったりしていると、急にインターフォンが

鳴らされた。誰かと思えば、親方だった。

「近うまで車で来たけん、そろそろ三年経つし、ついでにこの家の壁のようすを見たい思うて来てみたんやけど。いや、本当は邪魔するつもりはなかったけん」

「はあ。暇にしとったけん別にええですよ。壁なら、この通りまだまだ綺麗ですが……」

「うん。そうやけど、そうじゃのうてさ」

「は?」

「最初は外から見るだけにしよう思うとったけん、庭側の車道で徐行しとった。そんとき、二階のベランダに見たことないおばさんがおって、こっちを睨みつけてきた! あんたのご両親の顔は知っとるし、ありゃ誰じゃろうかと思うたよ。それから門の方へ廻ったら、一階のリビングの窓から、またそのおばさんが睨みつけてきた! 瞬間移動したんや」

「瞬間移動……」

「阿呆なこと抜かすんやないと思うたやろうけど嘘やない。一瞬で二階のベランダから一階の部屋の中に行けやせん! ありゃ此の世の者じゃないわい。祓わないけん。わしは毎月お祓い受けとるけん、次のときに連れてったる」

それを聞いて耀介さんは三年前の恐怖を蘇らせた。考えてみれば、さまざまな異音や怪奇現象に平気になってしまったのが、そもそも怪しいことだったのかもしれない。

竹箒を操り、靴を揃える、見知らぬ中年女の姿が目に浮かぶような気がしてきた。

明くる週の日曜日、親方に迎えに来てもらって、祓い師を訪ねた。田舎の一軒家に農家の奥さんのような年輩の女が二人いて、一人が祭壇に向かって般若心経を詠む間、もう一人が、正座している彼の背後に向かってしきりに話しかけた。

つまり彼の後ろに霊が存在するのだ。祓い師は「ああ、そう」「そこから出て成仏せないけん」といった、ふつうの話し言葉でそれと対話していた。

読経が終わると、霊と語らっていた方の祓い師が彼に向き直って話しはじめた。

「前の家主さんの奥さまは亡くなっとる。そうですね？　二階に三部屋ありますね？」

どちらも事実なので、言い当てられて耀介さんは驚いた。

「三部屋のうち真ん中の部屋に、クローゼットがあるけん、そこに奥さまが使うとった和式の鏡台がしまいこまれとる」

——これも見事に的中していた。

元の家主は家具や調度品の大半を置いていった。クローゼットの鏡台は、引っ越してきたときからそこにあった。午前二時過ぎの物音がなければ、とっくに片づけていただろう。

「その鏡台を叩き壊して捨てたら、奥さまの霊は迷わんようなる」と祓い師は彼に告げた。

——家主の妻は鏡台に憑いている。つまり鏡台が依り代になっている。依り代を破壊して魂の居場所を奪えば、すみやかに成仏するであろう、と、説いたのである。

そんなわけで、彼は帰宅するとすぐ、鏡台がしまわれている部屋へ直行した。

しかしクローゼットがどうしても開かなかった。ふつうの観音開きの扉なのに鍵でも掛かっているようにびくともしない。

そこで近所に住む力自慢の後輩に助太刀を頼んだ。二人がかりで左右から把手を引くと、やがて内側から、雷でも落ちたかと思うような轟音が地響きを伴って鳴り渡った。

それと同時に突き飛ばされたかのような衝撃を受けて、彼と後輩は尻餅をついた。

——二人の目の前で、ひとりでに扉がのろのろと開いた。

古風な鏡台が姿を現した。抽斗付きの台に小ぶりな姿見が付いた漆塗りの鏡台で、昨今は滅多に見かけないものだが、元家主の妻の嫁入り道具だろうか。

それを後輩と庭へ運ぶと、木刀で鏡を叩き割り、台を打ち壊してバラバラにした。

最初は恐るおそるだったが、一打ちしてみて何事も起きなかったので、二太刀目からは思い切り打ち下ろし、連打して完全に破壊した……が、なんともない。

袋に詰めてごみ集積所に持っていく道すがらも、異常なことは一切起きなかった。

——その夜、彼は三年ぶりに静かな丑三つ時を迎えた。

早朝の竹箒の音もしなかった。出勤するために外に出ると、春一番の風が、遠いところの花吹雪を門の前に吹き寄せていた。

——ふつうはこれで話が終わる。

だが、耀介さんの家では、鏡台を壊したしばらく後から、新たな現象が起きはじめてしまったのである。

彼を含め、地方在住の怪談師の多くがインターネットの動画配信アプリを利用している。昨今は、ユーチューブやインスタグラムなどで怪談語りを披露するばかりではなく、大勢参加する配信企画や怪談ファンを交えた交流会など、多彩な配信スタイルが存在する。本業を別に持ちながら、趣味の延長線上で怪談語りをするうちにファンがついて、怪談師として少なからず認識されるようになる人も増えてきた。耀介さんもその一人だ。

彼が家を買ってから三年と数ヶ月が経ち、夏が巡ってきた。

我が国では、江戸時代から夏は怪談の季節とされている。

民俗学者の折口信夫は、古くから農村で行われてきた盆狂言に始まり、歌舞伎がその流れを汲んで、夏になると怪談芝居を興行したからだと説く。

耀介さんと彼の怪談仲間たちも、夏には何かしら行ってきたが、その年は百物語を配信する計画を立てた。打ち合わせにも動画コミュニケーションアプリを用いて、段取りや集客方法について話し合ったのだが、しばらくすると主催者が耀介さんに、

「ユーチューブを閉じてください。話し声がうるさいので」と注意した。

身に覚えがなかったので「ユーチューブなんて点けてませんよ」と答えると、他の参加者が騒然とした。「本当ですか?」と主催者。「はっきり聞こえていますよ。耀介さんはトーク

番組を視聴しながら話し合いに参加したのかと思っていました。まだ聞こえます」

耀介さんには何も聞こえない。如何にも怪しいが、こういうときに怖がらず、むしろ面白がる趣味人揃いだったので、打ち合わせの後で、耀介さんの自宅を生中継することになった。

しかし彼はこの後コインランドリーに行きたいと思っていた。そこで、自分が座っていた場所に三脚を立ててビデオカメラを仕掛け、その映像とスマホの配信アプリを繋いで生中継を流すことにした。しかる後に、予備のスマホを持って外出したのだが、この時点では、彼自身は人の声が混ざったのは機械的なバグのせいだと思っていた。

なにしろ、元家主の妻が迷い出る原因だった鏡台は、もう存在しないのだから。

ところが、コインランドリーで洗濯物が仕上がるのを待つ合間に、予備のスマホで配信の生中継を見たら、コメント欄が沸いていた。

「カメラのすぐ横でさっきから誰か囁いています。聴き取れなくて怖い！」「ご家族と同居されているんですよね？」「カメラをめがけて離れた場所から歩いてくる足音が！」「ヤラセですよね？」等々、投稿が殺到しているではないか。

未だ独身で同居人はない。洗濯が終わると真っ直ぐに帰宅して、怪異が起きているであろうと予想しながらカメラを仕掛けた部屋へ、胸をドキつかせながら向かった。

——意外にも静まり返っていて、拍子抜けした。

生中継に用いていたスマホのバッテリーがなくなりそうだったので、いったん中継を止めてアイパッドと交換した後、生中継を再開した。

そして二台のスマホを充電しはじめたところ、二台共に通知が入った。何かと思えば、生中継を再開したばかりの配信アプリの彼のアカウントに、誰にも教えたことのない自分のサブアカウントからフォロー申請が届いていた。

彼自身が操作しなければ成し得ないことだが、彼はそのときアイパッドの中継画面を見ていただけで、スマホには触ってもいなかった。

これを皮切りに、怪異の波状攻撃が開始されたのである。


怪談のネット配信や怪談仲間とも無関係に、たとえば近隣に住む友人を十二、三人集めて、家の庭でバーベキューをしたときにも、奇妙なことが出来した。

その日は秋晴れの週末であった。バーベキュー日和で、家族連れで訪れた友人もいた。トイレや洗面所は家の中のを自由に使ってもらっていたが、友人の一人が、トイレに行くと言って家に入ったきり、なかなか戻ってこなかった。

腹具合が悪いのかしらと心配していたら二十分もして現れて、開口一番、「なんで自分の家族を呼んでやらんの?」と少し義憤に駆られた口調で彼に詰め寄った。

「独り者なのに家族って?」と応えると、ひどく動揺して、周囲を見回している。

何があったのか訊ねたところ、その友人によれば、トイレを済ませて廊下に出たら、階段の下に女の子が座っていたので、彼の子どもかと思ったとのこと。

「小学校低学年ぐらいの子で、ここにいる誰かの連れてきた子には、そういう年頃の女の子はいないだろう？　だから耀介の子だと思って、バーベキューに誘った。でも、その途端にパッと立ち上がって二階に上がって行っちゃったから、追いかけていったんだ。階段を上がった目の前の部屋のドアが開いていて、女の子がそこに飛び込んだから、僕も続けて入っていったら、女の人と一緒にいた。そういうわけで、耀介は妻子を家に閉じ込めて僕たちとバーベキューをしているのか、ひどいことをすると思って腹を立てたんだ」

友人が言うことには、二階にいた女は三十代ぐらいに見え、一階から上がってきた少女と親子のようだった。二人は最初、窓辺にいたが、話しかけても返事をせずに部屋の奥の方へ引っ込んでしまったという。

「それからすぐに庭に戻ってきたの？」と耀介さんは訊ねた。二十分も経って戻ってきたことを指摘すると友人も驚き、もう一度、家の中を確かめに行きたいと言った。

一緒に家に入ってみたが誰もおらず、二階に行って戻ってくるだけなら、三分もかからないことが明らかになった。するとこの友人はひどく怯えたようすになり、それから二度と耀介さんの家を訪ねてこないとのこと。

――かと思えば、幽霊が出る家だと聞いて、好んで押しかけてくる物好きもいた。

是非ともお化けに遭いたいと言って酒と肴を持ってやって来た悪友と、一階のリビングルームで呑んでいたところ、リビングルームの出入口の外を、灰色のジャージ上下を着た中年男が小走りに横切っていった。

小太りの体型で、ジャージに包まれた腹が出っ張っており、裸足で、髪が薄かった。どこにでもいそうな冴えない外見で、顔立ちは平凡、偏平足に特有の大きな足音を立てており、どう見ても生きた人間のようだった。

唯一の変わった特徴は背が低いことぐらい。それにしても百四十センチぐらいで、少し珍しくはあっても、あり得ないほど小さいわけでもなかった。

「おい、今の」と悪友が言った。彼は「おまえも見た？」と応えた。

「耀介がそう言うってことは、こうしちゃいられない！」と悪友はスマホを持って廊下に飛び出したが、さっきの男は何処へとも知れず去ってしまった後だった。

二人がかりで家じゅう捜したが、戸締りは完璧で、侵入者の形跡もなかった。

――こういうことが口コミで広まり、家を実況中継してほしいというリクエストが彼に届きはじめた。そこで、まずは簡単にスマホで撮りながら生配信してみたのだが、そのときは、玄関の姿見にオールバックの髪型でダークスーツを着た紳士が映り込んだ。
四、五十代の痩せた男で、先日の灰色のジャージの男とも、耀介さん自身とも違う。
これが元家主なら、もしや家を売った後さらに不幸が重なって亡くなってしまったのかと思うところだが、年頃も容貌も似ても似つかなかった。

――とうとう、在京テレビのキー局から声が掛かり、怪談説法で知られる三木大雲和尚が耀介さんの家の幽霊たちを鎮めに来た。そのようすを収録した番組を放送しようということで、三木和尚の他に、ロケ隊やレポート役のタレントなどが彼の家に来たという。

そのロケ中にも奇怪な現象が起きた。

例の鏡台があった部屋に若い女性タレントをスタンバイさせて、ディレクターがスタートの合図を送ると同時に、家じゅうの明かりが消えたのだ。

さらに、ブレーカーが落ちていたのでレバーを上げようとしたところ、渾身の力を籠めても上がらない。

しかし三木和尚が読経したところ、たちどころにブレーカーのレバーが軽く上がったので、「これは本物ですね」とディレクターが喜んだという。日蓮宗寺院の住職でもある三木大雲和尚の法力も証明された恰好だ。

その後も、誰も触っていないのに、定点撮影のビデオカメラのピントが調整されたり、カメラの向きが動いたりしたそうで、みんな喜んで引き揚げていった。

尚、このロケのとき三木和尚は、この家には霊道が通っていると仰ったそうだ。

それからも有名な怪談師や怪談ユーチューバーが彼の家を訪れたが、ほぼ百発百中ハズレ無く何らかの怪異が起きている。

耀介さん自身は、今や目には見えない存在たちの足音や声ぐらいなら平然とやり過ごせるそうだ。七部屋のうち、彼が寝室にしているのは一部屋だが、絶えず家のどこかしらに人の気配があるという。

私は、元家主の妻を追い払ったがために、霊的な空き物件となり、数多の霊が跋扈（ばっこ）する幽霊屋敷になってしまったのだと推察している。

今日も彼は一人、にぎやかな家で暮らしている。

七軒

# ねずみにひかれる



既刊の拙著に『少年奇譚』『少女奇譚』という、子ども時代の怪談実話集がある。

インターネットで募集したさまざまな方から体験談を聴き集めたため、話の背景となる地方や年代が多様になったが、なぜか彼らの多くに共通点が見られた。

――寂しい子どもだったこと。

独りぼっちで長い時間を過ごした子。仲間外れの子。愛に飢えた子。

孤独な子どもたちに、あるとき音もなく不思議な影が忍び寄る。時には周囲の大人たちまで謎めいた出来事に巻き込まれる。こういう話が大半だった。

最近あまり聞かなくなったけれど、そんな子どもを指すのにぴったりな「鼠に引かれる」という古い慣用句がある。

家に一人きりになって寂しいようすを指す言葉で、留守番させられる者が「鼠に引かれるそうだから、早く帰ってきて」と甘えたり、反対に、留守番する人に対して「鼠に引かれないようにね」と温かな揶揄を籠めて注意したりしたものだ。

大家族が当たり前だった時代の終焉と共に消えていく台詞だと思うから、近頃使われなくなったのは当然だろう。それにまた、現代では飲食店の多い繁華街や地下の駅構内などは別として、一般のご家庭にはあまり鼠も出なくなった。本当に身近な生き物でなければ、何をたとえられてもピンと来ない。

だから、たとえば「鼠が塩を引く」という慣用句も使われなくなった。こちらは、小事が積もり積もって大事に至ることを、鼠が少しずつ塩とは限らず食物を盗んでいくさまにたとえた言葉だ——ここからわかるのは鼠は「引く」ものとされていたことでもある。

つまり「鼠に引かれる」とは、家に一人だけで寂しくしていると神隠しにでも遭ったかのように忽然と姿を消す、という意味になる。

——現在三十四歳の織香さんは、まさに鼠に引かれそうな子どもだった。

彼女は神奈川県の愛川町で生まれ育った。家は中古の一戸建てで河川敷に臨んでおり、四、五歳の幼児の足でも、家から川辺まで三分と掛からなかった。

愛川の中津川といえば、近郊の人々からは川遊びに行く場所として認識されている。深い森に囲まれた山あいの清流で、夏場になれば泳ぐ人もおり、魚釣りも盛んだ。

彼女の家は少し下流の住宅地にあったが、それでも結構な田舎だった。父方の祖父と祖母が二人とも先祖代々愛川に住んできた人であったから、彼女の父も当然の如くこの地で家族を持ったわけだ。

時代の変遷に彼がついていけなかったのは不幸なことだ。これは実話なので特定を避けるために彼の仕事については伏せるが、ともあれ、織香さんの父はごく若くして人生につまずき、日頃のうさを酒で晴らすようになった。

彼女が物心ついた頃には、すでに重度のアルコール依存症であった。母親が働かねば生活が成り立たないので、自ずと幼い頃から一人で放っておかれるようになったわけである。

幸い、同じ町内に父の実家があったから、母が迎えに来るまでそこで祖母と過ごすことも度々あった。

あるとき、織香さんが祖母とテレビを見ていると、自分の隣に知らない子どもがいた。

祖母に「この子はだあれ？」と訊ねたところ、祖母がこんな話をしてくれたという。

「それは昔この辺りで死んだ子どもの幽霊だよ。でも怖がる必要はないんだ。その子も含めて、これまでに亡くなった大勢の人たちのお蔭で、今、おまえがここにいるんだからね。ありがたいことだよ」

――私は常々、生きとし生ける者は皆、死穢（しえ）の大地に咲いた花だと言っているのだが、この人も同じ考えだったようである。

その原因は、愛川の土地柄にあるのではないか。

愛川には、戦国時代に北条氏康と武田信玄が戦った三増合戦の合戦場跡の他、首塚、胴塚などがあり、死屍累々とした昔日の惨状が今に伝えられている。

敗軍となった北条勢の戦死者は約三千二百人。武田軍も九百人も犠牲にした上で勝利した。北条軍は敗走し、落人となって愛川に居ついた者もいたようだ。現在の市内、中津川の左岸の隠川地区は、かつては「隠家」と呼ばれており、それは北条軍の武将が落ち延びて隠れ住んだことに由来するという説がある。

その他にも、三増合戦のおよそ百年前、太田道灌に攻め滅ぼされた小沢城という山城も市域にあり、そこには自害した姫君の祟りの伝説が遺されている——輿入れ間近だった城主の娘が「此の世で結べぬ契り、せめて彼の世で結ばせたまえ」と叫びながら花嫁姿で川に身を投げたところ龍に化身して、辺りに嵐が吹き荒れた。その後、城跡へ続く坂道に呪いがかかり、若い娘や花嫁がそこを歩けば必ずや不幸に見舞われた——という。

伝説といえば、織香さんの祖母が生まれた集落は宮ヶ瀬ダムの底に沈んでしまったそうで、湖底に眠る村自体もやがて一種の伝説になりそうだが、立ち退き後に移り住んだ付近の村には、弁財天が降臨したと言い伝えられる淵があり、その淵の底は相模湾を臨む江ノ島まで地底で通じ、海が満潮のときには塩水が噴き上げると、今日でも信じられている。

死者の歴史の上に現代人が暮らしていることは万国共通の事実だ。しかしそれを日常の中で誰しも実感できる風土があるかといえば、現代日本ではそんな場所は限られている。
だが愛川では、隠家に住んだ落人の子孫と言われる人々が今も市内で暮らし、小沢城の姫君が死んだ場所には畑が、合戦場跡の一部には中学校があり、数百年前の死者たちの物語が語りつがれている。不可思議な伝説も数々残る。

この土地が織香さんの祖母の死生観を育んだのだと私は思う。

祖母の薫陶を受けた織香さんもまた、霊の存在を受け容れた。

人の幽霊を見たり、声を聞いたりするのは、子ども時代にはざらなことだったそうだ。

此の世に迷い出る霊は人間のものとは限らなかった。河川敷に近い彼女の家では、朝の八時か九時頃から、牛か豚か何か、蹄（ひづめ）を持つ動物が床を歩くカッカッカッという音がどこからともなく聞こえはじめた。穏やかな足音とは限らず、急に音が乱れ、暴れ狂ったかと思ったら、潮が引くように静かになるときがあった。

そして昼の十二時前後になると、獣の体臭に鮮血と糞尿が混ざったような血腥（ちなまぐさ）い悪臭が、家じゅうに重く垂れこめた。午後三時を過ぎると臭いが薄らいで、黄昏の頃には臭わなくなった。日没までには奇怪な音も消えたというから、夜になるにつれ怪異が深まるといった怪談の常識とはあべこべである。

物心がついたときにはすでにこういう家だったので、人の家と比べておかしいとも思わず育った織香さんだが、九歳の頃、鼠が出るようになると、さすがに困った。

私の八王子の実家にも、山に棲むカヤネズミが出没したことがある。カブトムシぐらいの大きさで、ペットにして飼いたいような可愛い生き物だったが、織香さんの家に現れたのは、体長二十センチほどもある巨大なドブネズミであった。

鼠は夏のある晩、台所に一匹現れ、翌日には二匹、そのまた明くる日には三匹……と日増しに数を増やし、半年も経たず、家じゅう至る所を跳梁跋扈するようになった。

朝となく夜となく我が物顔で鼠が廊下を走り、食卓の足もとを徘徊するのは、子ども心にも耐えがたいほど気色が悪い眺めであったという。

いつ見ても黙って呑んでいるか寝こけている酒臭い父を、鼠たちが踏んで歩いていたときには、少し痛快だったが……。

冬になると、これでは正月が越せないと思った母が、害獣駆除の専門業者を探してきた。

ちなみにドブネズミは十月から三月が発生のピークだという。年間を通じて繁殖する中で最も増える時季に業者を呼んだのは、正しい判断だったと言えよう。

しかし頼みの綱の業者は、家をくまなく調べた結果、

「申し訳ありませんが、私たちに出来ることは何もございません」と母に告げた。

当然、納得がいかない。母が「どういうことですか?」と詰め寄ると、業者はデジタルカメラの写真を見せて、「こういうものがありましたので……」と答えた。

台所の床に、父がこの家を買ってからこの方、ついぞ開けたことのない跳ね上げ式の蓋があった。それは家族の誰もが存在を忘れていた床下収納庫の蓋で、前の住人が閉じたきりになっていた。今回、業者が開けてみたところ、梯子段が地下に続いており、大人が立って歩ける、物置ぐらいの空間が出現したのであるが。

写真には、《獣霊之碑》の四字を上にして倒された石碑と、それに群がる四、五十匹の鼠たちが写っていた。

織香さんも、そこに居合わせたが、当時は、その写真を見て母が息を呑んで押し黙った理由がわからなかったという。

獣の霊魂を供養する石碑は、肉食禁止が緩みはじめた江戸時代後期から、畜産業者や食肉処理業者によって建てられてきた。獣魂碑、獣霊碑、動物供養碑、豚霊碑、牛霊碑など、碑銘にはバリエーションがあるものの、いずれも人の犠牲になった家畜のための慰霊碑だ。

そして、食肉解体には大量の水を必要とするがゆえ、食肉処理場は川のそばに造られることが多かったのである。

いつの間にか父も起きてきて、酒気が抜けていなそうな臭い息を吐きながら写真を覗き込むとボソボソと「この家を建てた前の住人が置いていったんだ。食肉関係の人だったから」と言った。

続けて父が「石碑を引き揚げてくれないか」と頼むと、業者はこれを呑んで、ロープを石碑に掛けて床下から吊り上げた。それから台所の床に新聞紙を敷いて石碑を載せると、「この石碑のご供養を、どうかお願いします」と父に頭を下げた。

その後、業者と両親とで、石碑をつぶさに検分した。裏や側面に、建立者の氏名、石碑建立に出資したのであろう食肉処理業者の団体名、建立の日付が記されており、それによって、昭和の終わり頃に父が記憶していた元家主が建てたものだと間もなくわかった。

高さ一メートルに満たない小ぶりな石碑だったが、持って歩ける重さではなく、業者と父とで台車に移して外に運び出し、母の車に積み込むと、両親がどこかへ運んでいった。

業者も帰り、急に織香さんは家に一人きりになった。

まだ夕方にもならない。気づけば、ここ最近は昼夜を問わず聞こえていたチューチューキーキーという鼠の声が絶えていた。このぐらいの時刻なら必ず家に満ちていた血腥い臭いも、いつの間にやら消えている。

彼女は獣たちの気配が消えた家を巡って、静けさを味わった。最後に、業者が閉めていった台所の跳ね上げ蓋の前に佇んでみたが、床下も沈黙しているようであった。

恐々と蓋を開けてみると、薄暗い中に梯子段が地下まで架かっている。四つん這いになって顔を近づけても何も臭わない。

一段一段踏みしめながら梯子段を下り、石碑が倒れていた辺りに立ってみた。たくさん居たはずの鼠は……と、彼女は暗闇に赤く光る鼠の眼を探した。

だが、一匹も見つけられなかった。

台所に戻り、再び蓋を閉めてから、することもないので河川敷へ行った。

冬の川面を木枯らしが渡り、じっと立っていられないほど空気が凍てついていたけれど、水音が耳に心地よかった。後にしてきた家の方を振り返り、静かになっても怖い、と彼女は思った。

直感が告げていた——もう二度と、あの家で荒ぶる蹄の音を聞くことはないのだと。今まであったものが欠けてしまったのだ、と。

手がかじかんできたので家に戻り、炬燵で両親の帰りを待った。

——母に肩を揺すぶられて、いつのまにか眠っていたことがわかった。

「真っ暗な部屋で死んだみたいに寝ているから、どこにいるのかわからなかったよ。まったく、鼠に引かれたのかと思うじゃないの」

織香さんは母に「鼠、いなくなったよ」と言った。

すると母は少し考えた後、「そう。お祖母ちゃんの檀那寺に預けて、ご供養してもらったから、鼠もみんな成仏したんだね」と応えたという。

その家で、織香さんは高校を卒業するまで暮らした。卒業式からほどなくして両親が離婚して、彼女は母と家を出た。

父は一人で家に残り、離婚から十年後に五十代で急死した。アルコール依存症が原因となった早すぎる彼の死の後、持ち主を喪った家は売りに出され、やがて誰かに買われた。

――食肉処理場の跡地に建てられたことを次の家主は知らなかったであろう。

血腥い空気を吸うこともなく、殺される家畜の蹄の音も聞かず、鼠に悩まされもしなかったはずだ。

織香さんによれば、獣霊之碑が供養されてからは、ふつうの古い家だったというから。

八軒

# あらわし

令和四年の元旦、滋賀県の湖北及び湖東地方は近年まれな大雪となった。大晦日から雪が降りしきり、一日の朝には市街地でも八十センチも積もっていた。

住宅街で歯科クリニックを開業している当時四十八歳の一正さんは、年末の仕事納めをしたことがなく、患者が来る限りは一階のクリニックを開ける主義であった。

妻子は晦日から旅行中だ。ホテルで正月を迎える。彼は一緒に行かなかった。

――行けばよかったたか。

雪はかなり小降りにはなったが、まだ止まない。意地を張ったつもりはなかったが、自分の勤勉さに誇りを抱いてもいた。この天候では患者は来ないだろう。大晦日には三人予約が入っていたが、すべてキャンセルされてしまった。

しかし、いつなんどき餅で詰め物や差し歯が取れてしまった患者が駆け込まないとも限らないではないか、と思うのだ。

彼は早朝から黙々と雪かきに励んだ。白い息を吐きながら、門の前までキッチリと雪を除け、門松の雪も落とした。

午前八時に雪かきが済んでも、クリニックの電話は一向に鳴らなかった。

ならば、自分の部屋の大掃除をしようと思った。

彼の家は、十二年前、彼が三十五、六歳のときに建てた二階建てのデザイナーズ住宅で、一階が歯科クリニックになっており、二階は家族の住居だった。住居スペースの床面積は百平米以上あり、高校生の息子と妻と愛犬、そして彼がここで暮らしている。

土地を買って新築したから、まだローンが残っており、若いうちに思い切った買い物をしたとは思うが、後悔はしていない。惜しむらくは自室にロフトを造れなかったことだ。

この家の二階は天井の高さが四メートルもある。リビングルームなどは高い天井が醸し出す開放感が活きるのだが、彼は、自分の部屋にはどちらかと言えば秘密基地のような雰囲気が欲しいと思っていた。だから仮眠用のベッドや気に入った本だけを入れる小さな書棚を置くロフトがあれば理想的だったのだが、残念ながら予算が足りなかった。

ロフトを造らなかった天井には、あらわし梁（ばり）が架かっている。

梁は柱に渡す構造材で、屋根や床を支えている。ふつうは天井板に隠されているが、あえて剝き出しにすることを「あらわし」または「梁あらわし」と言い、露出された梁自体を指す場合は「あらわし梁」と呼ぶ。

二階に上がると、犬が尻尾を振って出迎えてくれた。毛並みの良いゴールデンレトリーバーで、とても賢い。彼が自室の掃除をしだすと、何も言わなくとも椅子の上に避難した。

二時間もかけて床掃除は言うまでもなく、窓ガラスまで磨き上げた。

クリニックの電話は鳴らない。BGMを掛けておけばよかった、と、手が空いた途端に後悔した。雪の日は静かすぎる。ことに元日は。

彼は伸びをして……何気なく梁に目を留めた。そういえば、あそこは掃除したことがないと気づいて、しげしげと下からあらわし梁を観察した。

見るからに堅牢そうな梁である。またがったら、馬の背に乗っているかのような感じだろうか……。目を凝らすと、梁の端から白い埃が覗いていた。

彼は脚立を運んできた。何事か、と言いたげなようすで愛犬が尾を振ってついてきたが、彼の頭の中はもう梁の上を拭き清めることだけで一杯だった。

バケツに拭き掃除用の洗剤を薄く溶いた水を用意して、雑巾を浸して適度に絞ると、それを持って脚立を上り、梁に乗った。

梁上君子（りょうじょうのくんし）という熟語がある——後漢の陳寔（ちんしょく）という人は梁の上にひそんだ盗賊に気づくと、「悪人も生まれつきではない。悪しき習慣のせいで悪人になってしまったのだ。梁の上の君子がそれだ」と子どもや孫たちを諭した。それを聞いた盗賊が梁から降りて改心した

——という中国の故事に由来するそうだが、自分は泥棒ではないからな、と、独りで思って可笑しくなった。

高い所に上ると馬鹿になるのか、いつになく自由な気分である。

梁は縦横に走っていて、案の定まんべんなく埃が溜まっていた。拭きでがありそうだ。

少し拭いては脚立を下りて、雑巾を濯ぎ、脚立を掛け直して……というのを繰り返すうち、部屋の中央まで拭き進んだ。

そこには太い大梁から天井まで垂直に木材が立っていた。小屋組の一部で吊り束や小屋束と呼ばれるものだが、近づいてみて驚いた。

——ポツンと一つだけ、横向きの手形が付いている。

指先を真横に向けた手の跡が、梁から七十センチぐらいの高さにスタンプでも捺したかのように付いていたのだ。チョークのような白い粉で付けたようだが、至近距離から眺めると、指紋や掌紋まで鮮明に捺されていた。親指が上を向いている右手の跡だ。

大工や鳶は軍手をしているものだが、工事中に外して、たまたま手形を捺してしまったのだろうか？　だったらもっとたくさん付いていてもよさそうなものだと思ったが、どうやらその一個しか付いていなさそうであった。

また、親指を上にして、その方向に手形を付けられるかというと、どうだろう？

やってみようとして梁の上でバランスを崩しかけ、ヒヤッとした。梁に座ったまま、いや、たとえ梁の上に立ったとしても、こんなふうに手を置くのは無理な相談だとわかった。

つまり、家の完成後であれば、空中に浮かばないとこんな手形は付けられない。工事中に付けたものだとしか思えないが、十二年もの間、よくまあ風化せずに残っていたものだ。白い粉を手に付けて捺しただけのようなのに……と考えた挙句、彼は思い切って指先でそっと触ってみた。すると、驚いたことに指の腹には何も付着しなかった。

しかし、手形の方は、触った箇所が欠けて地の木材の色が顔を出している。信じがたい気持ちで、さっきより大胆に触れたところ、やはり自分の指には何も付かない。何の感触もなく、嗅いでみたが匂いも無い。だが、手形は触った分だけ消えていく。

不可思議なものを突きつけられて、彼はしげしげとその手形を観察した。長い指の指先が細く尖り、掌の幅が狭く、全体に小さい。細身の成人女性の手だ、と、結論づけて、彼はとある人物を思い浮かべ、真っ黒な嫌悪感がモヤモヤと湧いてくるのを感じた。

衝動的に、彼はその手形を手で擦ってすべて消した。

——手形を付けたのは、数年前、彼と同じ歯科医師会に入ってきたあの女に違いなかった。

手当たり次第に無益な議論を吹っかけては相手を言い負かして悦に入る悪癖のため、会で孤立している、十歳ぐらい年下の女。

厄介な性格の持ち主だが、彼の意見だけは素直に聞く。態度が、他の人たちに対するそれと明らかに違う。だから、なぜか彼女に気に入られているようだと……。はっきり申せば、片想いされているような気がしていた。

別に嬉しくはなく、困惑しかなかったのだが。

なぜなら第一に、彼は妻を愛していた。第二に、その外見が生理的に受け付けなかった。彼女には一種、抽象的な不潔感があった。汚れというより穢れと呼びたいような、本能が「避けろ」と囁きかけてくる種類の。

彼女も歯科医であり、実際にはふつう以上に清潔を心がけているはずだが、艶のない髪や粉を吹いたような肌の質感から、死化粧を施した遺体を連想してしまうせいかもしれない。骨と皮ばかりに痩せているので、余計に屍めいて迫力があった。どこか健康を害しているのではなかろうか。だとしたら気の毒なことではあるのだが。

――五ヶ月ぐらい前になるが、夏の盛りのことだ。深夜、この部屋の長椅子で本を読んでいてうつらうつらしていたら、誰かが出入り口に立つ気配を感じて目が覚めた。

妻か息子だと思ったが、違った。異様に痩せた女のシルエットが開いたドアのところに佇んでいた。白っぽいワンピースを着ているが、まるでハンガーに掛けたかのようだ。

艶のない真っ黒な髪が顔を隠しており、髪の隙間から鼻が突き出していた。肉の薄い、細い鼻筋。蒼白い肌の色、……見覚えがある。だが、ここにいるはずのない女だ。

啞然とした一瞬のうちに彼女は横を向いて歩きだし、廊下の方へ消えた。

我に返って後を追ったが、すでに姿はなく、すぐに家じゅう見て回ったが侵入された形跡も見つからなかった。

それから二、三日後、彼もときどき参加しているSNSのグループチャットにログインして、一種の怪談としてこの出来事を披露したところ、祈禱師を生業にしているメンバーから「それは一正さんに憑いている生霊ですよ」と指摘された。

内心「やはり」と思い、そのときのグループチャットでも心当たりがあると話したが、妻子には打ち明けづらかった。歯科医師会でも無論、口外できることではない。

その後も当人と顔を合わせる機会があったが、彼は何事もなかったかのように振る舞った。向こうも、いつもと変わらず、さりげなく好意を示すだけであった。

十一月にも変なことが起きた。ベッドに入って部屋の明かりを消した直後、足もとの方でアハハハハッと誰かが笑った。哄笑した声の感じは女だが、妻は隣ですでに眠っている。暗がりに目を凝らしても誰もおらず、明かりを点けると、寝室のドアは閉まったままだった。夏の一件がなければ、夢を見たのだと思い込もうとしたかもしれない。

考えてみれば、問題の女の笑い声を聞いたことがなかった。だが、彼女の声だったと思えたものである。

――こうした経緯があった。だから、あらわし梁で発見した手形からも、あの女を思い浮かべたわけだ。

蜘蛛のような手だ、と、思ったことがあった。二、三年前、歯科医師会の集まりの折に、何気なく彼女の手を見たときに。指の長さが際立っており、手の甲に腱が浮き出していた。だからつい、「指、長いですね」と、別段、褒めるつもりではなく見たままの感想を口走った。あれがいけなかったんだろうか。何か勘違いさせてしまったのか……。

やがて一月下旬になり、週末のある夜、一正さんは例のSNSのグループチャットに参加した。そのときは私、川奈まり子もメンバーとして居合わせた。

彼の発言中、柏手を打つような乾いた破裂音が何度か鳴った。

「聞こえましたか？　ラップ音です」と彼は言った。「この部屋では、あれがときどき鳴るんですよ。何なんでしょうね？」

他の参加者が「一正さんの家には霊道が通っているのでは？　以前、訪問させていただいたときに、ご自宅の前の道が良くないと感じました」と話しはじめた。

この人は霊感があることで仲間内では知られていた。一正さんの家に行ったときに妖しい気配を感じたので、門のところから写真を撮ってみたとのこと。

「だけど、ちゃんと撮れなかったんです。白い光の玉が吹雪のように無数に写り込んで、建物を覆い隠してしまって」と言う。

すると一正さんが「あのときは言いませんでしたが、実は家を建てたときに工務店が撮ってくれた写真も、真っ白に曇ったような感じになっていたのです」と打ち明けた。

この会話を聞いて、私はふと思った。霊道といえば雑多な霊が通過するイメージがあるが、何ら所縁のないさまざまな霊が訪れるわけではないのではないか、と。

それと言うのも、一正さんからは、他にもこんな話を聴いていたからである。

――五年ほど前、夕食後に一人で犬の散歩をして、来た道を戻ってきたとき、そろそろ自分の家の屋根が見えるなと思って、何の気なしに視線を上げたら、下から金色の光に照らされた男が宙に浮かんでいた。

ちょうど彼の家の二階の高さに、胡座をかいた恰好で、白いワイシャツと黒いスラックスを身に着け、メガネをかけた見知らぬ中年男が浮いており、一正さんは急いで駆け寄ったが、彼が家に着く前に男はそのまま二階の壁に吸い込まれてしまった。

――そちらには寝室があり、今頃は妻が寝る支度を整えていると思われた。

玄関に駆け込んだときには、男を照らしていた明かりはとうに消え、一見して家にはどこも変わったところがなかったが、胸騒ぎに背を押され、取る物も取りあえず寝室に急いだ。

そこに男はおらず、玄関に置き去りにしてきた犬が吠え、「あなた」と驚いて言った妻を彼は固く抱きしめた、という。

# 九軒　おくつき

富山市の呉羽（くれは）に昔から住まう一族の末裔の方から、家で起きた怪異について傾聴した。

その話に古墳が登場したのだが、そもそも呉羽という地名が、三国時代に孫権が建てた中国の「呉」を示唆している。そこで、もしや古代から栄えた土地なのではないかと思い、土地の来歴を少し調べてみたところ、大阪府の池田市にあるのと類似の織姫伝説が、ここにも存在することがわかった。

池田市には、応神天皇が百済（くだら）から献上された織姫、呉織（くれはとり）と漢織（あやはとり）がここに住んで絹織物を広めた、そのため古くは地名を「呉羽里」と称したという言い伝えがある。

一方、富山市には呉羽地区、呉羽丘陵、呉羽山といった地名が今もあり、織物を能（よ）くする女神の神話が伝えられているのだ。

十八世紀、江戸時代の宝暦から明和の頃に活躍した金沢生まれの俳諧（はいかい）師で随筆家の堀麦水（ほりばくすい）

が著した『三州奇談』という本がある。

これは加賀・能登・越中の三国に伝わる奇譚を蒐集したもので、そのうちの一話に、婦倉媛命という女神が織物をするために呉羽村に行ったと書かれているのだが、面白い説話なので簡単にご紹介したい。

この話の題名は「妬氣成靈」。つまり「妬気が霊となる」。

とはいえ神話であるから、幽霊の話ではなく、嫉妬心が人知でははかりしれない神聖な何かを為したという意味であろう。私流に抄訳すると、こんな話だ。

——呉羽村の呉羽の宮には、能登の国の能登彦神の妻・婦倉媛命にまつわる話がある。

ある日のこと、婦倉媛命は織物をするために呉羽村に出掛けた。すると夫の能登彦神が、すかさず能登媛という女と親密になった。浮気されたことを知った婦倉媛命は激怒。越中新川郡上野村から、能登彦神の社に向かって石を投げて投げまくり、ついには上野村の石をすべて投げつくした。これが今の上野村一帯に一つも石が無い理由だ。

後に、婦倉媛命は新川郡舟蔵村の社に鎮座した。織物を職業とする者は誰しもここに参詣して祈ると良いことがあるとされており、布に団子を包んで供える祭が行われている。下呉服村にも似た祭があるが、これらは神の嫉妬心から生まれた祭と言えるだろう——。

呉羽の地名は、呉服部にちなむという。呉服部の読みはクレハトリかクレハトリべ、またはクレハタオリベ。池田市の織姫の名もクレハトリ（呉織）だが、クレハトリのハトリはハタオリ（機織り）の転音だという――ならば、「クレのハタオリ」を表す呉織が、音韻からの当て字で呉服部に転じたのか。「部」は集団を指し、呉服部という表記が広まった後は、織工集団という意味でクレハタオリベとも読まれていたそうだ。その音読から生まれた「呉服」という言葉が、今も服（着物）ではなく反物（織物）を指す由縁である。

――つまり、『三州奇談』の婦倉媛命は、日本神話の天津神＝渡来人という説に基づけば、大陸から渡来した織工で、富山市の呉羽に職場があったという史実を暗示するのだ。

婦倉媛命は、現代では姉倉比売または姉倉姫と表記され、姉倉比売神社が富山市内に二つある。一つは呉羽に。一つは『三州奇談』には新川郡舟蔵村と記されていた舟倉に。

呉羽の姉倉比売神社の由縁によれば、姉倉比売は美しい女神で、わけあって故郷の船峅山（ふなくらやま）から現在の呉羽町へ移り住み、娘たちに機織りを教えたとされている。比売が機を織っていると、蜆（しじみ）ヶ森の貝塚から貝が蝶の姿になって飛んできて比売の仕事を助けたとか。

舟倉の方の同社はと言えば、姉倉比売は神代の昔に舟倉一帯の賊を征伐して、農耕、養蚕（ようさん）、機織りを広めて人々を統治した結果、神として敬われたとしている。

ちなみに蜆ヶ森貝塚は実存し、古くから白髭神社という社に守られている。

そして、呉羽丘陵には数多くの古墳が眠っているのだという。

有名どころでは、北陸最古級の前期前方後円墳・百塚住吉遺跡、日本海側北東限の中期前方後円墳・古沢塚山古墳。その他にも、日本海側北東限の横穴墓群・番神山横穴墓群、呉羽丘陵南東部の杉谷古墳群、合計四十三基からなる呉羽山丘陵古墳群などがあり、呉羽丘陵一帯は富山県内で最も遺跡が密集する地域だとされている。

――古墳は古代の墓、奥都城(おくつき)である。

奥は山奥または奥まった場所を表し、都は万葉仮名の「つ」で津の字を当てることもあり、どちらも現代語の「の」、城は四方を囲んだ境域という意味だが、柩を暗示したと言われている。現代の奥都城は神道式の墓を指し示すが、その登場は神道が大成する前で、『万葉集』には「おくつき」を詠んだ歌が何首か登場する。

中でも大伴家持(おおとものやかもち)が山に葬った亡き妻を想って詠んだ《昔こそ外(よそ)にも見しが吾妹子(わぎもこ)が奥つ城と思へば愛しき佐保山》という歌には、現代人の心にも訴えてくるリアリティがある。

呉羽の古墳群に葬られた死者たち一人ひとりにも、きっと大伴家持のように哀しく慕う遺族がいただろうと想像すると、そこを踏み荒らし、土を耕して家を建てた生者が多少なりとも怪異に遭うのもむべなるかな、という気がする。

――実花さんは生まれてこの方、呉羽山麓の家で暮らしてきた。二歳下の妹は結婚して土地を離れたが、彼女は未だ独身で、三十代前半になった今も家に留まっている。

家は呉山公園展望台まで徒歩二十分あまり、呉羽山山頂までも車で十五分の距離の高台にある。昨今はこの辺りでも宅地化が少し進んできたが、二階建ての家々の間に畑や木立が残り、まだ集合住宅は見られず、空が広い。冬になると、澄み渡った大気を切り裂いて飛来する白鳥の群れが見られる。

ここには元々、父方の祖母の生家があった。祖母は、旧呉羽村域の相当な面積を所有する大地主の家系の出で、祖母を含む七人兄弟姉妹の子孫が、今でも実花さんの家と同じ町内に暮らしている。そのせいか、婿養子だった祖父は生前から存在感が薄かったようだ。

彼女が生まれたときにはすでに祖父は鬼籍に入り、両親は祖母の家に同居していた。祖母の家で彼女が初めて幽霊を見たのは、三歳ぐらいのときのことだった。

——宵の口で、煌々と明かりがついた台所で祖母と母が夕食の支度をしていた。幼い彼女は働く母たちをしばらく眺めていたが、やがて飽きて、ふと廊下の方に視線を移した。

廊下は薄暗く、先の方が闇に呑み込まれていた。まだいくらか明るい廊下の途中にラタン細工の電話台があり、軽く腰を屈めて電話機を見つめている白い人影があった。

父と同じぐらい背丈があり、体つきも男のようだが、父ではない。服も顔も見分けがつかず、全体が白い煙で形づくられていた。

「あそこに何かいるよ」と彼女は台所へ向かって声を張り上げ、人影を指差して母か祖母に伝えようとした。だが、二人とも廊下を一瞥すると、口を揃えて「そんなこと言うものじゃありません」と彼女を叱りつけた。「怖がらない。気にしない。わかった？」

それでいて、「でも、いるよね？」と訊くと、祖母も母もはっきりとは否定しなかった。

ただ、口に出して言ってはいけない、気にするなと繰り返すばかりなのだった。

――その後も、この家では奇怪なことがさまざま起きた。

よくあったのは、昼夜を問わず、独りになると何処からともなく聞こえてくる声。何を言っているのかまでは聴き取れないが、二人以上の男女が会話しているようだった。大勢が一斉にしゃべっていると思われるときもあれば、一対一で対話しているときもあったが、家じゅう探しても声の源がわからない。

妹が小学校に上がった頃から祖母が離れに移り、母が仕事を持ったので、平日はよく姉妹で留守番をさせられた。ときには妹が家にいても、この声が聞こえてきたという。

不思議な金縛りに遭ったこともある――八歳ぐらいの頃、深夜、急に瞼に明るさを感じて目が覚めた。部屋全体がオレンジ色の眩い光で満たされており、一瞬、電気を消し忘れたのだと勘違いしたが、よく見れば天井の照明器具は点いていなかった。

怖くなってきて逃げ出そうとすると、手足がまったく言うことをきかない。叫ぼうとしても声が喉に詰まって外へ出ていかない。芋虫のようにベッドの上でもがくうちに、急にパッと明かりが消えた。途端に漆黒の暗闇が落ちてきて、謎の力に堰き止められていた悲鳴が口から飛び出した。

実花さんは、まだまだ他にも数えきれないほど怪しい出来事を経験しており、これまでに五千件を超える怪異体験談を聴いてきた私の経験に照らせば、この手の人には霊感があって、いろんな場所で不思議な目に遭うのが通例である。

しかし彼女は、家でしか奇妙な現象に遭遇していないと断言した。

姉妹で同じ化け物に遭ったこともあり、「だから家に憑いているんです」と言う。

実花さんが高三、妹が高一のときのことだ。まずは彼女自身が、それに声を掛けられた。

「おい」と、聞き覚えのない中年の男の声が、夕方、階段を下りて玄関へ向かおうとしたら、後ろから……。振り返ったら誰もいない。

この数日後、同じぐらいの時刻に、居間のソファで寝そべって小説を愉しんでいたら妹が帰宅して、玄関から二階へ上がっていった。数分後、今度は階段を下りてきた、と思うとすぐに、いきなり足音が乱れて、血相を変えて居間に飛び込んできた。

「変なおじさんが階段の下にいて、声を掛けてきた！」と取り乱して泣きじゃくるので、恐々と階段の方を見に行ってみたが、誰かがそこに居たような気配もない。

居間に引き返して、どんな男を見たか妹を問い質すと、よくわからないが中年の男で、ただ「おい」と硬い声で呼び留められたのだという答えが返ってきたので、自分が遭ったのと同じだと確信したとのこと。

その数年後には、こんなこともあった。

朝、母を車で送って帰ってきたら、家の門の前に妹の恋人の車が停めてあった。車高の高いランドクルーザーで、車の腹の下から地面までの隙間がふつうの車よりも空いている。そこから、センタープレスのついた灰色のズボンを穿いた革靴の足が覗いていた。ビジネススーツのズボンを穿いた男の脚だ。

妹の彼氏は、この車に乗って家に来たことが度々あったが、彼女の知る限りではスーツを着るような柄ではなかった。どんな風の吹き回しかと思いつつ、そのランドクルーザーの前に車を停めたところ、バックミラーに誰も映らなかった。車を降りてもランドクルーザーのそばには人影がなく、家に入ると、妹とカジュアルな普段着姿の恋人が居間で談笑していた。

つい最近も、窓や部屋のドアをノックされたという——無論のこと家族ではなく、不可思議な存在にガラスや戸板を礼儀正しく叩かれたのだ。

あるときは、自分の他に誰もいないときに、部屋のドアが軽く二度ばかり叩かれた。

またあるときは、夏の夜十一時頃、友人と電話で長話していたら、コンコンと窓がノックされた。彼女の部屋は二階にあり、ベランダなどもなく、窓の下は垂直な壁なのだが。

「今、窓をコンコンって叩かれたんだけど」と彼女は友人に言った。

その直後、再び窓ガラスをノックされた。

「カーテンを開ける勇気はありませんでした。……その癖、家に来る何かを怖がってはいけないような気がするのです。昔、そんなこと言うものじゃないと私を叱った、祖母や母の気持ちが最近は少しわかります。厭わしく思ったら罰が当たるのではないかしら」

二十年以上前のことだが、実花さんの父方の親戚が近所の畑を宅地転用して売りに出したことがあった。そのとき父は「あの辺は古墳だったはずだ」と言った。

古墳の上に畑を造ったと、先祖代々、言い伝えられていた場所だったのである。

だが、やがて無事に売れたので、親族一同、そこに住宅地が出来るだろうと予想した。

しかし、その後一年以上経っても、家が建つ雰囲気がない。気にしてときどき見ていたところ、ある日、作業服を着た人々が来ていたので進捗状況を訊ねてみた。

すると一人が代表して「古墳があるから工事は許可されません」と彼女に答えた。

作業服の人々は工事作業員ではなかった。古墳の試掘調査が行われようとしていたのだ。

調査の結果、約千七百年前に築かれた、この辺りの首長の墳墓だとわかった。

葬られた首長は彼らの遠い祖先だろうか。一族は、いつからかわからないほど古くより呉羽に居ついてきた。……もしかすると彼女の家の下にも古代の墓があるかもしれない。

だとしたら、そう、確かに、家に出没するものを厭うてはならないであろう。

なぜなら彼らは、ここ呉羽の地で太古の昔から共に暮らしてきた祖霊なのだから。

## 十軒 えな

秋田県は、東北地方の他県に比べ大きな地震が少なく、内陸部は第二次大戦の空襲被害も受けなかった。そのため古い日本家屋が比較的良い状態で保存されているという。

建て替える前の真那美さんの家も、築二百年以上になる古民家だった。農家だった時期もあれば商売をやっていた時期もあり、江戸時代からこの方の先祖たちの喜怒哀楽を見守ってきた家――まあ、訪れた人は無責任なものだから「素敵な家ですね」とたいがい褒めてくれたものである。

しかしながら、住む方は近代化が進むにつれて不便を感じてきたのだった。

そこで、真那美さんの祖父が亡くなってしばらくすると、祖母と両親とで話し合って、この家を壊して、モダンで快適な家を新築することにした。

いよいよ計画が実現に近づいてくると、両親が仮住まいを確保してきた。そちらに荷物を移すにあたり、みんなで手分けして家にある物を仕分けした。

なにせ古い家だから骨董品や古民具の類が多く、骨董鑑定士を家に招いて引き取らせることにした。生前の祖父と親交が深かった七十代の男の鑑定士だ。県内で古民具や骨董の陶磁器などを売り買いする店を経営しており、そこで店番をしている彼の妻も、昔から祖母と気の置けない仲だった。

真那美さんにとっても幼い頃からの顔見知りだが、その日、彼はいつになく少し興奮したようすだった。無理もない。今回、祖母と両親は、家具や調度品、着物や巻物、食器も壺も、ほとんど手放すつもりでいたのだから。

それにまた、この家では、建て増しした新しい住居部分に家族の生活の場を移して久しく、そのため数十年前から倉庫がわりにしてきた座敷の奥の方には、何がしまってあるのか祖母にもわからなかった。つまり、もしかすると凄いお宝が隠れている可能性があったのだ。

片づけと仕分けは、二週間ほどかけて少しずつ進められた。真那美さんも仕事が休みの日には出来るだけ協力した。仄暗い奥座敷は事実上の開かずの間になっていたから、そこに足を踏み入れるのはちょっとした探検で、最初は冒険心がくすぐられたものだ。

幕末の桐簞笥、明治の屏風、大正モダンなランプシェード……。好事家が高値で買っていきそうな物がそこそこ掘り出せたので、鑑定士はほくほく顔だった。

父や真那美さんに手伝わせて、家に横づけした彼のトラックに次々に積み込んでいく。

――やがて、奥座敷には長持を一つ残すのみになった。

長持は、かつては花嫁が輿入れする際の必需品だった。

日本の伝統に則った蓋つきの箱を和櫃という。長持は和櫃のうちでも大型のもので、蒲団や衣装、調度品を収納するのに使われていた。たいがい、両端の金具に棹を通して二人で担げるようになっている。

その長持も、小柄な大人なら中に入れそうな、大きなものだった。飴色に変色した桐材で出来ていて、黒い鋳鉄の金具や錠前が取り付けられていた。

鍵が見当たらなかったが、幸い錠前は外れていた。母と祖母、真那美さんが固唾を呑んで見守る中、父と鑑定士が二人がかりで、そろそろと蓋を開けた。

――蓋が開いた途端に、生腥い異臭が長持から漂い出した。

七十センチほどある深さの八分目まで、人の粘膜を思わせる薄桃色の長い紐が透明な液体に浸されて詰まっていた。紐は幅三、四センチで、長持の端で折り返しながら途切れ目なく詰め込まれているようだった。

液体の正体はわからない。長持には錫の内張りが施されていた。それにしても、長年ここに置かれていただろうに一滴も外に漏れていないことを真那美さんは不思議に思った。

「こんなの見たことない。内臓みたい」と彼女は言った。

父は「臭い」と鼻に皺を寄せた。

だが、祖母は首を横に振って「臭いとは思わない。これは胞衣(えな)の匂いだよ」と言った。

すると母もうなずき、「羊水の匂いね」とつぶやいた。

いずれにしても何で出来ているかもわからない紐と、謎の液体だ。捨てるしかなかろうと思っていたら、父も同じことを考えたようで、一人でそそくさと蓋を閉めて、「これは引き取っていただけませんよね？」と鑑定士に訊ねた。

「廃棄したいと思うのですが……如何でしょう……そちらでは、私たち素人と違って不用品の処分の仕方をよくご存じなのでは？　もちろん手数料はお支払いしま……」

「いえ！」と鑑定士が強い調子で父の言葉を遮ったので、真那美さん、祖母、母も揃って彼の顔を振り向いた。

テラテラと鼻の頭に汗を光らせて、「お代は要りません」と父に応えると長持の後ろに屈みこんで何かを探しはじめた。間もなく「あった！」と声を上げたかと思うと、探しあてた木の棹を杖代わりに立ち上がった。

金壺眼(かなつぼまなこ)に狂気じみた光を宿らせ、一同を眺め渡す。

「どうか、これを私に譲ってください。もちろんタダで、とは申しません」

「いいえ、いいえ、どうぞ」と父が鑑定士に早口で応えた。「持っていってもらえれば助かります。……トラックに運びますか？　おい、真那美も手伝え！」

鑑定士の気が変わらないうちに持っていかせるつもりなのだ。父の気持ちを悟った真那美さんも同感だった――こんな不気味なものは早く目の前から消えてもらうに限る。

鑑定士は、と言えば、気がどうかしてしまったのではないかと見ていて不安になるほど、尋常ではない喜びよう。

小躍りしながら棹を長持の金具に通し、満面の笑みを浮かべて蓋を撫でさすってホウッと溜め息を吐いた。「もう私の物だね」と長持に囁きかけている。

紐を浸した液体入りの長持はひどく重く、また、傾けて中身がこぼれると事だから斜めにすることも出来ず、鑑定士のトラックに運び込むのに苦労した。

それでもなんとか運び入れると、まだ日が高く、見せていない物が他にもあったにもかかわらず、鑑定士は嬉しそうに帰っていってしまった。

今のはいったい何だったのだろう、と、真那美さんは父と顔を見合わせたが、すぐにまた家の片づけに戻った。変な物が無くなってせいせいしたと思っていた。

ひと月ぐらい経って、近所に借りた仮住まいでの生活にようやく馴染んできた頃に、鑑定士の妻から家族宛てに訃報の葉書が届いた。
《かねてより多大なご懇親を賜りました夫○○○が○月○日○時に永眠いたしましたので、お知らせいたします。通夜告別式を○月○日○時より拙宅にて仏式で執り行います》
死因の説明がなかったが、不審に思うような年齢でもない。おおかた心臓発作か何かでぽっくり逝ってしまったのだろう、と、両親と祖母は言い合い、祖母は鑑定士の妻に電話を掛けた。何か手伝えることはないか訊ねたのだが、電話の後、「なんだかようすが……」と首を傾げている。母が先を促すと、「声の感じがおかしかった。でも手伝いはいらないそうだよ。どうぞ皆さんでお越しくださいって」と応えた。

通夜告別式には、両親と真那美さんも参列した。両親は、高齢の祖母を一人で行かせるわけにはいかず、鑑定士の跡継ぎに挨拶もしたいと考えたのである。そして真那美さんは母から「あんたもいらっしゃい」と言われたので、さして何も考えず、家族で乗る車の運転を担当したのだが。

――老鑑定士が眠る棺を見て、来たことを後悔した。

あの薄桃色の紐が、幾重にも亡骸を取り囲んでいたのである。

これについて「遺言だったのです」と鑑定士の妻は申し開きをした。

「あれから毎晩、長持のところで何かしておりました。中に入っていたのではないかと思ったことがありましたが、気味が悪くて、見ない振りをしていましたら、日ごとに痩せてきて、自分が死んだら棺桶に長持の中身を入れてくれ、と私に遺言したのです」

――だから、このようにした、と。

「夫の最期の頼みですし、こんなもの、家に置いてはおけません。幸い、夫が頻繁に蓋を開けていたせいで乾いておりました。このまま荼毘に付せるそうですよ。夫も……長持で事切れたわけではなく、持病の狭心症で……蒲団の中で、でしたから……」

だから問題がないと言いたげだ。それでも気味が悪かったが、他には何も変わったところのない通夜告別式だった。鑑定士一家の菩提寺から住職が呼ばれており、跡取り息子や孫、親族、取引先の者も参列して、つつがなく式が行われた。

線香の香りに掻き消されていたのか、それともすっかり乾いてしまったせいか、長持を開けたときに嗅いだ生腥い臭いも感じなかった。

久しぶりに間近で見る紐は、乾いていたためか、内臓よりは着物の腰紐に似て見えた。縫い目も端も見当たらなかったが、目のつんだ布製のように思われたという。


やがて新築の家が建った。

そうしたところ、その家を一目見て惚れ込み、是非ともここに住みたいという人が現れた。父が、先祖代々の土地に建てた家だから売ることはできないとその人に答えると、それでは貸してくれと言う。

そこで断る代わりに高めの家賃を告げたところ、驚いたことに、敷礼はもちろんのこと二年分の家賃をまとめて支払うと返答してきた。これなら何年か貸したらもう一軒家が建つと言って父は喜び、貸すことにした。

ところが、その店子は、入居からひと月も経たず、「ここには住めない」と、一言、電話で告げたと思ったら、夜逃げも同然に逃げ出してしまった。

貰った金を返そうとしても、電話番号やメールアドレスを変えられてしまい、連絡がつかない。家族全員、困惑しつつ、もぬけの殻となった家を見に行ってみたが、別段どうということはなかった。

しかし、なんとなく住みたいと思えなくなったので、また貸しに出すことにした——というところまでしか真那美さんから伺っていない。新しい店子が入ったかもしれず、まだ借り手がつかなくて空き家になっている可能性もある。

尚、この話は、長持に入っていた薄桃色の紐と液体の正体も、老鑑定士がそれのどこに惹かれたのかもわからないまま終わる。

がっかりした読者さんもいると思うが、唯一、何か知っていそうな人が怪しい紐と共に煙になって天に昇ってしまったので、どうしようもない。

空になった長持は、その後、彼が遺した店で古民具として売られたのでは……と推測できるが、私は、その行方には関心がない。

何らかの呪力を持っていたのは中身、つまり薄桃色の紐の方だと思われるからだ。

——あれは胞衣だったのではないか。

平安時代に医家・丹波康頼が天皇陛下に献上した、日本最古の医学書で国宝の『医心方（いしんほう）』という本に、胞衣の呪法が書かれている。

胞衣は、胎盤、臍の緒、赤ん坊を包んでいた膜など、妊娠中は子宮の中にあって、赤ん坊が生まれた直後に、後産として母体から排出されるものを指す。

丹波康頼は、中国医学などを参照して、胞衣に願い文を添えて戸口の下に埋めると願いが叶い、その家を出入りする人々に踏まれれば踏まれるほど、赤ん坊が丈夫に育つなどと説いた。さらに、胞衣信仰は縄文時代から存在していたとする説もあり、荒神信仰とも結びついている。荒神は胎内では胞衣荒神として胎児を守り、その後も長命や衣食住を助け災難や邪気から守護するとして広く信仰を集めた。

そのため、近代まで胞衣を壺などに入れて土間に埋めたり、高貴な人については胞衣塚を建てたりする習慣が各地にあったのだ。

だから私は、例の紐は何か巨大な魔物の胞衣だったのではないかと考えたわけである。

妄想と嗤わば嗤え——秋田県にはダイダラボッチ伝説がある。

昔、横手盆地は鳥の海と呼ばれる湖だった。この水を日本海へ流す干拓工事を助けた巨人が男だと誰が決めたのか。もしも男女のダイダラボッチがいたら、孕むこともあり、その胞衣は長大なものになったはずだ。

おそらく長持は胞衣を守る子宮の役目を果たしていたのだ。

老鑑定士は胎内回帰願望の虜になり、臍の緒に包まれて旅立った。

そして胞衣の守護を失った家には物の怪たちが跋扈している、かもしれない。

# 十一軒　むこどの

東日本最古の天満宮、谷保（やぼ）天満宮が多摩河岸の段丘に創建されたのは、九〇三年（延喜三年）のこと。菅原道真の三男・道武が訃報を受けて父の像を自ら刻んだのが始まりだと伝えられている――道真が太宰府に左遷されると同時に、道武も、ここ武蔵国多摩郡に飛ばされた。お蔭で武蔵野台地に天満宮が建ったわけである。

谷保は古い地名で、現在は国立市の大字（おおあざ）に名を留めるばかりだが、かつて谷保といえば、この辺りで最も豊かな村だった。甲州街道、天満宮、多摩川があり、付近には湧水もあって土地が肥沃。自ずと、広大な農地を所有する大地主が生まれた。

――名主（なぬし）の家系だった某家もその一つで、戦後の農地改革で小作地を失ったとはいえ、今でも多くの不動産を所有している。

家族が住む家の敷地の他にも土地があり、さまざまに活用して豊かに暮らしてきた。

代々の当主はみんなこの界隈の名士で、全員、屋敷墓に眠っている。

八十年代生まれの佑次さんは、初めてこの家に来たとき、裏庭の墓場を不思議とも不気味とも感じた。彼は、屋敷墓なんて見たことも聞いたこともなかったのだ。

ここの屋敷墓は、ちょっとした寺院の墓苑ぐらいの規模があった。竿石がずらずらと並び、あれらは代々の御先祖の墓なのだと彼女に教えてもらったときには、何とも言えない威圧感を覚えた。この家の先祖たちに監視されているような心地がしたのだ。

――ほんの二、三年前まで彼自身も、こんな大家の一人娘と結婚することになろうとは思っていなかったものだ。

佑次さんは、ザ・庶民とでも呼びたいような平凡な家庭に生まれ育った。神奈川県出身で、高校をドロップアウトしてしばらく暴走族だった時期があったが、十八、九で更生して理容師の資格を取った。

彼女と付き合いだしたときは、千円カットが売りの理髪チェーンで働いていた。

交際していることを知った父親が「族上がりの床屋ふぜいが、うちの娘に手を出すとは万死に値する」と息巻いていると彼女から聞かされたときには腹が立った。高卒認定試験をパスするのも美容学校を卒業するのも容易ではなかったし、二十歳の頃からまじめ一筋で仕事をしてきたのに……と。

だが、この家を訪ねてみたら、彼女の親が怒るのも無理はないと思ったのだった。

漆黒の鋳鉄製の重々しい扉を開けて門から入ると、優美な曲線を描いた小径が、豪壮な家に向かって伸びていた。旅館や寺院の宣伝写真や観光地を紹介するテレビコマーシャルで見るような美しい庭園があった。おまけに、お化けが出そうな墓地やら井戸やら……。

あのときは思わず「これ全部、家なの?」と彼女に訊ねてしまった。それから数年後に結婚して、ここが自分の家になるとは思いもよらず……。

ずっと結婚に反対していた彼女の父親が癌に侵され、最期が目前に迫ると、彼が婿入りして、生涯この家に住むなら、と、急に気を変えてくれたのだ。

それが六年前のことで、その数ヶ月後、義父は彼の世へ旅立った。

結婚してからも、義父の彼に対する態度は相変わらずひどかったが、末期の癌患者だと思えば、何を言われても我慢が出来た。

義母は、義父とは対照的に彼を温かく迎え、経済面でも支えてくれた。

義父が亡くなった後、一家の蓄えから独立資金を貸してもらって、彼は自分の理髪店を持った。この恩に報いるためにも絶対に失敗しない覚悟で、リサーチと準備に時間をかけたのが功を奏して、店はうまくいっている。

五年前に娘が生まれ、三年前には息子も出来た。妻は可愛らしい。義母も元気だ。

順風満帆。と、現在の彼を見た誰もが思うであろう。

ところが一つだけ彼には悩みがあった。起きてみれば、結婚する前から予見しておくべきだったと思わざるを得ない、この家に住んでいる限り解決不可能な現象のせいで。

最初は、義父の亡霊だった。

初七日の前夜、仕事を終えて帰宅すると、玄関の前に義父が佇んでいた。

ボタンダウンのシャツとカシミアのセーター、カジュアルなズボンに茶色い革靴。出逢った頃の普段着姿だ。

咄嗟に、昔、鬼の形相で拳を振り上げて殴りかかってきた姿を想い出した。しかし今は、彼にはついぞ見せたことのない穏やかな表情で、ただ突っ立っている。

すると不思議なことに恐怖を覚えなかった。近づきながら、「お父さん、どうしたんですか」と声を掛けたら、義父はスーッと消えてしまった。

それからというもの、頻繁に義父が出没するようになった。初七日法要のときも、仏間の隅に正座していた。深夜、玄関の三和土や廊下にぼんやり立っていたこともある。

奇妙なことに、妻や義母には幽霊になった義父の姿が見えないようだった。

初めのうち彼は義父を見る度に二人に報告していたのだが、本気で取り合ってもらえないので、やがて義父が出た程度のことでは何も言わないと決めた。

そのうち娘が生まれて、幽霊どころではなくなった……と思っていたのだが。

娘が生後半年ぐらいの頃、閉店後にスタッフとカットの練習をしていたら零時を越えてしまった。店を出るときに「今から帰るよ」と妻のスマホにメッセージを送ったが、返信は期待していなかった。妻はとっくに赤ん坊と一緒に寝ている時刻だからだ。帰り道に事故に遭わないとも限らないから、記録としてこういうメッセージを送る習慣があっただけである。

しかし意外にも、このときに限って妻が即座に「うちに着くのは何時になりそう？」と返信してきた。

「まだ起きてたの？　一時前には帰れると思うけど。どうした？」

「とにかく早く帰ってきて！」

彼は不安に胸を掻きむしられた。心配でたまらず、大急ぎで家に帰った。

門から小径を駆け抜けて、玄関の鍵を開けようとし、鍵が開いていることに気がついた。義母も妻も、家に居るときでも必ず施錠する習慣なのに。

やはり何かあったのか。慌てて戸を開けて中に飛び込んだ。だが、玄関も廊下も明かりは消えており、静かな暗闇があるばかり。

一階の奥には義母が、二階には娘が妻に添い寝されて眠っているはずだが、さっきのメッセージの感じだと、妻はまだ目を覚ましていそうである。明かりも点けず、急いで靴を脱ぎかけて……薄暗い三和土の隅にうずくまる塊が視界の隅に飛び込んできた。

ギョッとして電気を点ける、と、それはゴミでパンパンに膨らんだポリ袋だった。

全身の力が抜けてしまった。そういえば明日は可燃ゴミの収集日だ。この辺りは早朝に回収車がやってくるから、いつもは前の晩にゴミ出しする習慣なのに。

彼は、バッグとキーホルダーを下駄箱に置いてゴミの袋を手に取ると、門の外にある集積所に捨ててきた。往復とも急ぎ足で、一分と掛からず玄関に戻ったが。

——今度は鍵が掛かっていた。

鍵を付けたキーホルダーを下駄箱の上に置いてきたので、入れない。

バッグやキーホルダー、そしてゴミ袋が無くなっているのを見れば、彼がゴミを捨てに行ったのは一目瞭然だろう。すぐ戻ってくることがわかっていながら、わざと夜中に閉め出すような人間といえば亡き義父だが、今夜は状況から推して妻の可能性が高い。

幸いスマホをズボンの尻ポケットに入れていた。

「もしもし」と、ちょっと不機嫌になりながら電話すると、妻は待ち兼ねたように出て、

「あら、あなた！　今どこ？」

「どこって玄関の外だよ。なんで鍵掛けたの？」

「鍵？　鍵ならいつも掛けているわよ」

「は？　トンチンカンなこと言ってないで、早く鍵を開けてよ」

「鍵なら持ってるでしょう？」

——話が嚙み合わない。

そのとき二階の窓を開けて、妻が顔を覗かせた。彼はスマホの通話を切って、「鍵は下駄

箱の上に置いてきたんだ。三和土にゴミを置いて寝ただろう？　捨ててきたんだよ。戻ってきたら鍵が掛かっていて入れない」と二階の妻に向かって説明した。

「そういうわけだから玄関を開けて」

「……それは無理」

「はあ？　無理って、なんで！　いい加減にしてくれよ！」

「この部屋から出たくないから、どうしても無理なの！」

上と下で言い争いになりかけていたところ、玄関の内側にポッと明かりが点き、義母が外に出てきた。

「なんですか？　いったい何事なの？　こんな夜中に騒々しい……」

「おかあさん！　さっき、玄関の鍵を閉めました？」

彼が訊ねると義母は「いいえ」と首を横に振った。彼らの声で目が覚めたばかりとのことで、彼がいったん帰ってきたことには気がつかなかったと言い、ゴミ袋のことを彼が話すと、心から不思議そうに首を傾げた。

「変ねぇ。ゴミなら、私が寝る前に捨ててきたのよ？　最後に戸締りしたとき、三和土には何も無かったわ。その前にあの子たちは二階に引っ込んでしまっていたし……」

そんなふうに義母と彼が会話している間も、妻は二階から下りて来なかった。

そこで彼は、目を覚まさせてしまったことを義母に謝ると、とりあえずバッグとキーホルダーを持って階段を上った。

妻は寝室の入り口で待っており、「なんにもいなかった?」と彼に訊ねた。その表情が尋常ではない。引き攣って、見たこともないほど蒼ざめている。

聞けば、夕方の五時半頃、義母と食事をしはじめて少しすると、玄関から誰か入ってきたような音がした。鍵を掛けたはずなのに、と、不審に思いながら行ってみたが、誰も来ていない。変ね……と思いつつ廊下を戻りかけたら、足音が階段を上りはじめたという。

足音だけで姿は見えない。怖くなって義母に「お母さん、なんかいる!」と彼女は言ったが、その間にも足音は階段を下りてきて、食卓の周りを歩きはじめた。

「お母さん! 足音が!」と尚も訴える彼女を義母は「気のせいよ」と一蹴して、平然と夕食を続けたとか……。妻は彼に「私は怖くて食事どころじゃなかった」と言った。

「頑張って食器を片づけると、早々に赤ちゃんとこの部屋に閉じこもって……足音を聞いていたの! 階段を上ったり下りたり廊下を歩いたり……家じゅう歩きまわってたのよ!」

これには彼も怖くなってしまったが、どんなに耳を澄ましても足音は聞こえてこなかった。まだ聞こえるかと彼が妻に訊ねると、たぶん義母が玄関の明かりを点けた頃から聞こえなくなったようだと彼女は答えた。

——佑次さんは、このとき、怪しい足音の主は義父の霊だと決めつけた。

真夜中に閉め出す意地の悪さといい、足音高く歩きまわることといい、義父らしいと思ったのだ。癌に倒れる前の義父は、足音も態度も大きかった。それに、義父は今でもときどき彼の前には姿を現していたので、他の可能性は考えられなかったのだ。

——しかし、今では他の霊の仕業だったかもしれないと考えを改めているという。

それから約二年後、彼に息子が生まれる前後のことだ。

その頃、佑次さん夫婦は息子の命名に悩んでいた。赤ん坊の名前は、生後十四日までに役所に届け出なければいけないと法律で決まっているのに、出産してもまだ決まらない。

義母に名前を付けてもらいたかったが、義母は彼の実家に相談するように勧めた。

そこで娘を保育園に預けたその足で両親に相談しに行ったところ、たいへん喜んで命名を引き受けてくれた。これで一安心……と思いながら保育園に迎えに行くと、娘は一人で砂場で遊んでいた。

しかし、一人遊びにしては、やけに楽しそうだ。よく見ると、誰もいないところに向かって話しかけたり笑いかけたりしている。

「誰と話してるの?」と訊くと「ユウキくん」という答え。

娘と帰宅して、義母にこのことを話すと、「今頃気がついたの?」と言われた。

義母によれば、娘はしばらく前から「ユウキくん」という見えないお友だちと遊んでいたというのだった。

それを聞いて彼は反省した。妻の出産前後から慌ただしくて構ってあげられなかったから、寂しくて想像上の友だちを創ってしまったのに違いないと思ったのだ。

三日後の夕方、父が理髪店に電話を掛けてきた。

「母さんと二人で良い名前を考えたぞ。ユウキというんだがね」

彼は思わず絶句した。ただの偶然だと思おうとし、父に礼を言って通話を終えたものの、何やら寒気が止まらない。変わった名前ではないのだし、たまたまだ、と、心の中で自分に言い聞かせながら保育園に娘を迎えに行った。

娘は、またユウキくんと遊んでいた。家に帰ってからも、ふと気づくと空中に向かって話しかけている。夜、風呂上りの娘にパジャマを着せているときも……。

「ユウキくんは、どこにいるのかな？」と訊ねたら、かたわらの押し入れを指差した。

「すぐそこ。こっち向いて立ってるよ」

彼の目には押し入れの襖しか見えなかったが、娘はそちらに向かって「ねえ、ユウキくん」と微笑みかけた。

そのとき彼は、娘の視線が妙に上の方を向いていることに初めて気がついた。ユウキくんが娘と同じ四、五歳児なら見上げることはないはずだ。

そこで、「どんな子なの？」と訊いたところ、意外な答えが返ってきた。

「子どもじゃないよ。ユウキくんはオジサンだよ？」

——どこかのオッサンに娘の裸を見られた。

咄嗟に頭に血が上り、「すぐに出ていけ!」と彼は押し入れに向かって怒鳴った。

「うちの娘に二度と近づくな! 消えろ! ド変態めが!」

それ以来、彼の娘はユウキくんと遊ばなくなった。彼は両親にすべて打ち明けて、名前をユウキ以外に変えてもらった。

ユウキの正体について、彼は最初、通りすがりの変質的な幽霊だと思っていた。

しかしその後、お盆の前に屋敷墓を掃除していたところ、墓碑銘にユウキと読める名前を発見して、違う可能性を考え付いたのだという。

——もしや、この家の先祖たちの霊が、族上がりの婿を歓迎しておらず、こぞって出てきているのではないか。

藪蚊を追い払うことも忘れて、彼は呆然と墓地を眺めた。

整然と並ぶ竿石が、降りしきる蟬の声を浴びていた。それらが人の姿を取りはじめそうな気がしてきて家の中に逃げ戻ると、背後から数人分の足音が彼の横をすり抜けて、仄暗い廊下の奥へ走り込んでいった。

この家では今に至るまで怪異が起きつづけているそうだから、入り婿も楽ではない。

# 十二軒　えにし

現在六十代で横浜出身の虎雄さんは、三番目の妻と結婚するまでの四十八年間、霊の存在を信じてこなかった。

彼は合理主義者で頭脳明晰であった。直感にも優れ、世渡り上手だった。一流大学を出て新卒採用で入った証券会社を三十歳で退職。その後は経営コンサルティングの方面で才覚を発揮、投資家としても成功して、四十歳のときには大きな資産を築いていた。

しかしながら、彼のことを冷酷で非情な男だと言う者も多かった。

ことに異性関係では度々、悪評が立った。女は性欲と見栄を満足させる道具ぐらいにしか思っておらず、時には手ひどい捨て方をしてきたからである。同時に複数の相手と付き合ったことも一度ならずあった。二回結婚したが、いずれも彼の浮気が原因で離婚した。

——しかし、本気の恋は人を変えるものだ。

今の妻に惚れ込み、夢中になって、彼は優しくなった。

それまでは、金の匂いに惹かれてやってきて、男に金をたかることを商売と心得ており、金のために尻尾を振る、そんな女しか知らなかったのだが。

彼女は凛々しく、聡明でユーモアがあった。媚びない女が新鮮で、宴席で初めて紹介されたときから心惹かれた。

仕事がらみで何度か会っているうちに、彼女が数年前に離婚して、働きながら子どもを育てていると知った。

聞けば、子どもは二人おり、どちらも学齢期の女の子だが、上の娘には学習障碍があって小学校に通えていない。専門の家庭教師を雇えれば、学習の遅れを取り戻せるかもしれないけれど、別れた夫は無職だった上に現在は消息不明で養育費は望めず、自分一人の稼ぎではこれ以上のことはしてやれない——と、打ち明けられて、彼は結婚を決意した。

まだ深い関係になっていなかったのに、である。

彼女たちを幸せにすることで、自分も幸せになれると直感していた。

最初は驚かれ、呆れられただけだった。当然、何度も断られた。

彼がすでに四十七歳だったのに対して、彼女はまだ三十代前半で、歳の差もあった。

しかし最後には熱意が通じ、出逢ってから約一年後、彼女と入籍を果たし、自分の家であるタワーマンションの二十七階で暮らしはじめたのである。娘たちも引き取って、長女には障碍児教育の専門家を家庭教師につけ、次女には好きな習い事をさせた。

彼は、その頃、総床面積が百平米を優に超える都会の豪邸に、独りで住んでいた。

開放感に溢れる造りで、どの部屋もゆったりと広く、窓からの眺望も素晴らしい。シンプルでスタイリッシュなインテリア。一階の受付にはコンシェルジュが常駐している。

時はプチバブルと呼ばれた二〇〇五年。場所は再開発の進む港区某所。毀誉褒貶（きよほうへん）あるリッチな実業家や芸能人が住むところだと世間で認識されていた超高級マンションの一棟だ。

――こんな所で怪異に遭遇しようとは、彼は夢にも思っていなかった。

それは、妻子を得てから初めて迎えた夏のことだった。

結婚から二ヶ月ほど経っており、娘たちの学校の夏休み期間に入っていた。新婚旅行を兼ねた家族旅行から帰ってきたばかりで、彼は夕食の後も溜まった仕事を片づけていた。

書斎もあったが、その頃は、リビングルームで妻や子どもたちの気配を感じながら仕事をすることにハマっていた。気が散りそうなものだが、かえって仕事が捗ったのだ。

夜の八時半。長女は子ども部屋でテレビを観ていた。次女は入浴中で、妻は隣のダイニングキッチンで食事の後片づけをしていた。

メールの返信が一段落して、次のタスクに取り掛かる前に、彼は大きく伸びをした。

そのとき目に入ったのだ――真正面の窓に映り込む、自分以外の人の姿が。

この部屋は壁の一面が嵌め殺しのガラス窓になっている。夜に室内で明かりを点けると、それがあたかも巨大な鏡のようになって、室内を映す。

彼は本棚を背に、窓の方を向いて座っていた。前に置いたテーブルの上に、ノートブック型のパソコンやスマホ、コーヒーが入ったマグカップがあり、それらも、伸びをして両腕を高く上げた彼の姿と共に、鮮明に窓に映っている。

――彼の左斜め後ろに立つ、格子柄の浴衣を着た人物の背中も。

反射的に振り向くと、本棚の前には何も無かった。しかし再び窓に目を転じると、やはりそいつが映っていた。

白地に藍色で染め出された格子の柄や、貝ノ口になった帯の結び目まで見て取れた。体つきから、一見して大人の男だとわかる。肩や浴衣の袖が小刻みに揺れている。左右の手を胸の前で合わせて、何か一心に祈っているようだ。

――何もかもはっきりしている中で、首だけが暗い影に沈んでいた。

浴衣の衿から上が、闇色にぼやけているのだった。

虎雄さんは窓に目を据えたまま、大声で妻を呼んだ。すると途端に、浴衣の男が左の方へ滑るように移動しながら影を薄くしはじめ、妻が来る寸前に消えてしまった。

「どうしたの?」と妻に訊ねられて、見たままのことを伝えると、彼女は嬉しそうに微笑んで「初体験おめでとう」と彼に言った。

——妻に霊感があったことを、このとき彼は初めて知った。

それからひと月ほど後には、こんなことも起きた。午前三時頃に目が覚めてしまい、トイレで用を足していたら、玄関のドアを開けて誰かが土足で上がってくる物音がした。

足音から推し測るに、体重が軽そうで、ゴム底の靴を履いている。

しかし外部の者は、コンシェルジュが容易には通さない。妻と娘たちは眠っているはずだが、もしかすると三人のうちの誰かが起きて、部屋の外に出ていたのか？

彼は、便座に腰かけたまま、猿臂を伸ばしてドアを押し開けた。

二十センチほど隙間が開いたそのとき、ドアの前を足音の主が駆け抜けた。

短い三つ編み、白いブラウス、紺色のミニスカート、斜めがけした小さな赤いバッグ、白いソックス、白いズック靴——見たこともない、十歳くらいの少女であった。

慌ててトイレを飛び出して、走り去っていく背中を見送った。その子は三つ編みを揺らしながら元気に駆けて、廊下の突き当たりの壁を擦り抜けていった。

——この他にも、このマンションでは時折、幽霊を目撃した。

はっきりした人の姿を取っていることも、うすぼんやりした人形の影だけのこともあったが、何が現れても妻が怖がらないので、彼もやがて慣れてしまった。

しかし、平気になればなるほど、なぜ急に幽霊が見えるようになったのか知りたい気持ちが膨らんできた。

やがて、結婚から二年経った。リーマンショックの前年だったその年、虎雄さんにとって大きな出来事が立て続けに起きた。

まず春先に、妻との間に赤ん坊が生まれた。彼にとっては初の子どもで、男の子だった。近い将来、娘たちとは別の部屋が必要になる。また姉妹にも、そろそろ個室を与えてやりたかった。そこで彼は妻と話し合って、引っ越しを検討しはじめた。

妻の体調が落ち着き次第、出来れば年内にも住まいを移そうと思っていた。

だが、そんな矢先の五月の初め頃から、彼は謎の体調不良に悩まされるようになった。最初に自覚したのは、言いようのない倦怠感だった。次に鈍痛を伴う激しい肩こり。やがて微熱が出て、三十七度五分から下がらなくなり、急速に体力が低下した。

昔とは違って養うべき家族がある。彼は方々の病院でさまざまな検査を受けた。だが、どうしても原因がわからなかった。自宅で休養するほかなく悶々としていたところ、発症から一ヶ月して、長女の家庭教師が授業のない日の正午頃に突然訪ねてきた。

アメリカの大学院を卒業した、四十代の知的な女性である。発達障碍児童専門の教育者として定評があり、妻の信頼も厚い。彼女のお蔭で長女は中学校に入学できた。

――ただ、ここ二週間ほど、この家庭教師は授業を休みがちだった。

アポイントメントを取らずに来るのも彼女らしくないことだ。何かあったのだと思ったが、なにしろ具合が悪い。妻が在宅していれば事情を聞いてもらうところだ。だが彼女は赤ん坊を連れて里帰りしていた。娘たちは学校だ。

彼は怠い体に鞭打って、玄関で家庭教師を出迎えた。

「急に押しかけて申し訳ございません。……かなり体調が悪そうですね。私も体の調子が良くないのですが、私はともかく、あなたはこのままではどんどん状態が悪くなりますから、家庭教師の契約を切られることも覚悟の上で、あることをお伝えしに参りました」

リビングルームに通してソファを勧め、じっくり話を聞くことにした。

「実は、私の家系には霊能力者が多く、父と弟は強い霊感の持ち主で、神職に就いております。私にも少し霊感があって、ひと月ぐらい前から、こちらのお宅に霊障が現れたことを察知していました。このマンションの建物に近づいただけで気分が悪くなるほどだったので、何度もお休みさせていただいていたのです。……霊障の源は、あなたです」

——あなたには四人の女が取り憑いている。

そう告げられたとき、虎雄さんは、あまり意外だと思わなかった。

なぜかというと、しばらく前から、昔、冷酷に捨てた女たちの顔が頭の奥でちらつきはじめて、昔のことを反省していたからだ。

特に二人の女については、思い出すたび後悔に胸を刺されるようになっていた。

散々嘘をついて弄んだ後に、おまえなど、その他大勢の女のうちの一人に過ぎなかったのだと本人に突きつけて泣かせ、札束で頬を叩いて追い出した女。

後ろ盾もなく、身一つで転がり込んできた女。飽きたので、金をやって追い出そうとすると、もう行くところがないと言って取り乱した。

どちらの女についても、その後の消息は知らない。連絡先も捨てて久しい。

「身に覚えがあるのですね」と家庭教師は彼の表情を読んで、訊ねるともなくつぶやいた。

「四人のうち二人は生霊で、あなたを怨んでいます。彼女たちが霊障、つまり今回の体調不良などの原因です。あなたは最近、彼女たちにしたことを悔やんでいますね？　それにまた、彼女たちのその後を案じていますよね？　それをやめなさい」

虎雄さんは「やめろですって？」と唖然とした。妻を愛し、子どもらを慈しむ暮らしが長くなるほどに、かつては冷たい石のようだった心が、温もりを知り、柔らかくなった。

だからこそ生まれた悔恨の情だ。良い変化である。その何が悪いのか。

「なぜですか？　かつて僕は本当に悪いことをしました！」

「それが何か？　勝手に悩まないでください。あなたの後悔は、現在の彼女たちには関係ないことです。二人の怨みの情を過去から招き寄せたのは、あなたですよ！　二人は知らずに生霊を飛ばしているのです。あなたのせいで！　だから心の中で唱えなさい」

――おまえたちとは縁が無かったのだ。消え失せろ。

「今、あなたは、自分には彼女たちを拒絶する権利がないと思いましたか？　そんな冷たい仕打ちは出来ないと？　でも相手は生霊です。突き放してください」

「僕は反省しなくていいんですか？　当時のことを悔やんでいるんですよ」

「では、二度と同じ過ちを犯さないことです。たとえ相手が弱く愚かで狡くても、常に誠実で優しく慈悲深く在ってください。難しいことですが、あなたには出来ると思います」


残りの二人は亡霊だと彼女は言った。

この人たちは、虎雄さんが若い頃から彼に憑いていて、何か大切な秘密を教えたがっていたが、彼は霊的に鈍くて感知できなかった。

しかし結婚すると、妻の霊感の影響を強く受けるようになった。

——だから、今まで見えなかった幽霊が、二年前から見えるようになったのだ。

さらに、このところ生霊たちに痛めつけられて心身が弱っている。

衰弱は幽界への接近を意味する。弱った人間の方が幽霊にとっては近づきやすいのだ。

「この機会に知ってもらおうと、活発になっているのでしょう。それにまた、あなたを生霊から救おうとしているような気もします。亡霊のお二人は、あなたとは血縁がないけれど、あなたの一族の縁者です。その二人を特定してください。特定すれば自ずとあなたが知っておくべきだったことが明らかになり、彼女たちの願いが叶います。そのときは全力で助けてくれるはずですよ。きっと生霊も排除してもらえます。さっき、心の中で生霊を突き放せと申し上げましたが、優しくなってしまった今のあなたには難しいことです」

虎雄さんは、行政書士に家系図の作成を依頼した。父方・母方、双方の過去帳を遡れるだけ遡るように頼んでおいたところ、二週間あまりで系図が届いた。

それを調べた結果、二人の女が浮かび上がった。

――まず一人目は、亡き父の、かつての内縁の妻。

虎雄さんには隠されていたが、父には、母と結婚する前に一緒に暮らしていた女がいたのである。それが今回明らかになった。

彼女が生んだ子どもを父は認知していた。しかし、その後、彼女は息子を連れて父のもとを去り、別の男と結婚した。

虎雄さんの母が父と結婚したのは、この腹違いの兄が、父の戸籍から抜かれて、彼女の結婚相手の戸籍に移された後である。

行政書士によると、現在も兄は健在で、とある地方都市で家庭を築いているということだった。「連絡を取りますか」と訊かれたが、彼は断った。

母はまだ存命だ。父の過去を知っているとしたら、この秘密を墓場まで持っていくつもりでいるはず。息子に知られてしまったとわかれば動揺するだろう。

今さら大昔のことをほじくり返して波風立てたいとは思わなかった。

彼は、ずっと一人っ子だと思っていた。しかし、血のつながった兄が——同じ父の血を継ぐ仲間がどこかで逞しく生きていたのだ。この事実を知れただけでも満足だった。


——二人目は、祖父の後妻。


母方の祖父は、脳卒中の後遺症で足が不自由だったにもかかわらず、生前は、しょっちゅう虎雄さんの家を訪ねてきたものだった。その際、必ず同じ女の使用人を従えていた。

彼女は祖父にかいがいしく尽くし、虎雄さんの家でも常に控えめにしていたが、大人たちが話している間、虎雄さんの遊びの相手をするのもその人の役目のようだった。

当時彼女は六十代前半。祖父は七十代半ばぐらいで、すでに枯れた雰囲気ではあったが、元は満州帰りの土建業者で、高度経済成長期に建設業で大儲けしたという精力的な男。

祖母は戦後間もない頃に心臓病で逝去していた。だから祖父は卒中で倒れると、可愛がっていた芸者を身の回りの世話係として雇った——「それが、あの女中さんだよ」と、彼は幼い頃から母や母方の親戚に聞かされてきた。元芸者と聞いて納得がいくような端整な顔立ちで、所作も洗練されており、若い頃はさぞかし美人だったろうと子どもながらに思っていたものだから、一度も疑わなかったのだが。

実は、彼女は、祖父の正式な妻だったのである。

母方の親戚一同は、彼女に対する猜疑心と差別を抑えがたかったのだろう。つまり、金持ちの祖父をたぶらかして後妻になった芸者ふぜいが、という反発があったに違いない。

彼女は、夫である祖父の通夜や葬儀に姿を現さなかった――彼女の姿が見えないので、その頃小四だった虎雄さんが、「いつもの女中さんは?」と近くの大人に訊ねたところ、「お祖父ちゃんが亡くなったから暇を出された」と教えられたとのこと。

ひどい話だが、参列を許されなかったと思われる。

彼は幼い頃、よく彼女に遊んでもらっていた。日頃から悪意に囲まれていた彼女にとって、無邪気な子どもと過ごすひとときが、何物にも代えがたい心の支えになっていた可能性がある。だから、祖父は彼女を伴って頻繁に彼の家を訪れていたに違いない。

彼女は、祖父に愛された妻だったのだ。


家系図を見て、自分に憑いている幽霊はこの二人だと特定した直後、身中を爽やかな風が吹き抜けた気がした。すると、体の不調が一瞬で嘘のように消えた。

誠に清々しい気分だった。実際、このときを境に体調不良が完全に治ってしまった。

――遠い昔に縁があった死者が、生霊を遠ざけてくれたお蔭だろうか。

彼は感謝しつつ、彼女たちの魂の安寧を祈った。

その後、あの家庭教師に一件落着の報告をしたところ、「他にも、あなたについては興味深い現象が起きています」と言われた。

「結婚から間もない頃に、男の幽霊に遭ったでしょう？　それは前世のあなたですよ」

そこで彼は、リビングルームの窓に映り込んだ男を思い出した。

「たしかに僕は、二年前にこの部屋で男を見ました。浴衣を着て、頭が消えていました」

「それですよ。あなたは、純潔を守って世のため人のために尽くした僧侶や行者に何度も生まれ変わってきました。でも、その人物だけは妻子を持たなかったことを呪いながら死んだのです。だから、あなたは世俗の人になり、本当に愛せる相手と出逢って、彼が夢見た理想の人生に近づきました。そして、奥さんやお子さんたちと暮らしはじめたタイミングで、あなたの前に姿を現したのではないでしょうか」

虎雄さんは半信半疑だったが、その後、たまたま知人に紹介された霊能者に占ってもらったときも、また、スリランカの高僧に家族全員の占いをしてもらったときにも、前世までは高徳の僧侶から僧侶へと転生を繰り返してきたと言われたのだという。

こうした一連の出来事を経て、彼は深く良心に目覚めた。

仕事の規模を縮小し、子育てに心血を注いだ。するとなぜか、彼だけでなく妻までも、一向に幽霊に遭わなくなったという。

# 十三軒 かいまみる

昔は、家政婦や乳母を雇っている家が珍しくなかった。

大富豪ではなくとも、小金持ちなら雇っていたものだ。私の母の生家にも住み込みの乳母がいたが、祖父は都市銀行の支店長だった。小学校のときの友人に医者の娘がいて、その子の家にも家政婦がいた。

今やほとんど死語になった「お手伝いさん」や「ねえや」「ばあや」という言葉も、私が子どもだった昭和四十年代ぐらいまでは生きていたと思う。

昨今は、家政婦などを雇う家は滅多にない。代わりに、必要な人は家事代行サービス会社と契約してスタッフを派遣してもらうようになった。家事代行サービス会社は基本的に損害保険に加入しており、何かトラブルが起きたときに安心だ。また、スタッフが複数在籍しているので、依頼主の意向で担当スタッフを変更することも可能である。

家事代行業は都会の方が需要があるようで、今回お話を伺った夏未さんも大阪市にお住まいだ。彼女は三年前、四十歳のときに家事代行サービス会社の派遣スタッフになった。

保育士の資格と調理師免許を持っていて、料理やベビーシッターも出来る上に家事全般を得意としていたが、独身だから宝の持ち腐れだと思っていたとのこと。

訪問ヘルパーをしている叔母に、こんな仕事があるよと教えられ、さっそく登録してみたところ、たちまち人気が出て、常に十軒前後も担当することになった。

十軒中六軒は、七十代以上の老人世帯。依頼主は、離れて暮らす老親の暮らしぶりを案じる娘や息子たちであることが多い。

次に多いのが共働き夫婦による、ベビーシッターの依頼。いつも二、三軒担当している。

最後が女の独り住まい。去年までは一軒担当していた。

しかし昨年十一月に他のスタッフと交代させられたのだが、夏未さんに落ち度があったわけではない。

そこは、マンションの一室だった。

大阪市の中心街からは少し外れた住宅街に建つ、十階建てのビルの四階で、間取りは寝室とダイニングキッチン、バストイレからなる１ＤＫ。

依頼内容は、週に一回の料理と掃除、洗濯。ただし、すべてを三時間以内で。

まずは家を訪問して依頼主と面接した。

初めに気づいたのは、依頼主の若さと部屋の採光の悪さ。

玄関で彼女を出迎えたのは、大学生でも通りそうな肌艶をした素顔の女だった。しかし垢抜けた髪型や服の着こなしに夜の匂いが漂っているので、学生ではなさそうだと思った。色白でほっそりとして、化粧をしていなくても充分に美しい。

この美人が「こちらへ」と言って、ダイニングキッチンに夏未さんを通した。すると秋晴れの昼間だというのに、冬の夕暮れ時のように薄暗かった。

二枚引きの掃き出し窓が一つあったが、隣の建物のせいで陽射しが入らないようだ。全体に散らかっており、あたかも踏み荒らされた花壇のような、荒廃した雰囲気があった。

そんな日陰の部屋で、依頼主と二人掛けの食卓を挟んで向き合った。そこまでほとんど会話がなかった。どうやら口数の少ない人のようだと思い、場の緊張を解きほぐすために、夏未さんは「綺麗ですね」と依頼主の爪を褒めた。秋らしいワインレッドに金色のホログラムがちりばめられている。「ネイルアートですか?」

「付け爪ですよ。今日は有給を取りましたが、昼間は美容師をやっているので爪を伸ばせなくて……。夜は京都でホステスをしています。夕方に迎えが来ます」

つまり、美容師のかたわら、車で送迎がつくクラブに勤めているわけだ。

「来ていただきたいのは火曜日。美容室の定休日なんです。私は、あっちの」と言って依頼主はダイニングキッチンの隣の部屋を指差した。ドアが完全に閉まっておらず、隙間から寝乱れたベッドの一部が見えた。「……寝室で眠っていますから、十二時から三時まで、私に構わずに作業してください。帰るときも声を掛けずにお願いします」

「お掃除や洗濯のときに、多少、音が立ってしまうと思うのですが、大丈夫ですか?」

「耳栓をします。掃除機や洗濯機も気にせず使ってください」

その後、掃除道具や洗剤の場所などを教えられ、台所も見せてもらった。原則として食材は依頼主が購入するものだが、購入代行も頼まれた。

「レシートと引き換えに現金で代金を返すんですよね。お宅の会社は前にも利用したことがあるから、わかってます。よその家事代行屋さんもだいたい、そんな感じですね」

同業他社の話をする家主は、家事の仕上がりにケチをつける傾向があった。もしかするとクレームの多い依頼主なのだろうか、と、夏未さんは不安になった。

翌週の火曜日、正午ちょうどに食材を持って訪れたところ、パジャマを着た依頼主が財布を持って現れ、挨拶もそこそこに夏未さんにレシートを出させて、そこに記された代金を下駄箱の上にピシャンと置くと黙って寝室に引っ込んだ。

印象が好いと言ったら嘘になるが、この程度なら許容範囲内だ。週一回のペースで家事代行を頼むと、途端に掃除や洗濯をしなくなるケースがあるが、この依頼主もそうだったようで、洗濯物が大量に溜まっていた。ダイニングキッチンの食卓や下駄箱の上に郵便物が散乱し、床には髪の毛やスナック菓子の滓が落ちている。

あっという間に三時間が経過した。

恐れていたクレームも無く、毎週火曜日に訪問するようになった。三回目まで依頼主はパジャマで出てきて最後まで寝室に籠もっていたが、四回目のときは違った。

別人のように着飾っていたのである。玄関で彼女を待ち構えていて、鍵と一万円札を下駄箱に置くと、「鍵は帰るときに一階の郵便受けに入れてください。あと、ここから買い物の代金を引いてお釣りをテーブルに置いていって。じゃ、急いでいるので」と夏未さんに言いながら、ハイヒールの踵を鳴らして小走りに立ち去った。

呆気に取られて見送り、気を取り直して部屋に入ったところ、何やら違和感を覚えた。

——人の気配がする。

台所へ向かおうとすると、真横を人が擦り抜けたかのように空気が動くのを感じた。振り向いても誰もおらず、買ってきた食材を冷蔵庫にしまいはじめたら、今度は後ろから影が差した。背中に覆いかぶさるように、誰かが真後ろに立ったのだ。

慌てて振り返った。すると、足音が寝室の方へ駆けていった。

寝室のドアは閉まっていた。足音の主に実体があったなら、あのドアを擦り抜けていったと思うところだ。

——気にしないことにしよう。夏未さんは、そう自分に言い聞かせた。

洗濯機を回し、フローリングの床に掃除機を掛けはじめたら、後ろから裸足で尾けてくる音が聞こえてきた。仕事中は必ずスリッパかルームシューズを履くきまりだ。自分の足音との違いは歴然としていた。

湿り気を帯びた足裏を床に少し粘りつかせながら歩いてくる。ペタペタ、ペタペタ、と。

震える指で掃除機のボタンを押して電源を切った。モーター音が静まった瞬間、背後からはっきりと「ペタッ」と一つ足音がして、シンとした。

夏未さんは掃除機を放り出して、エプロンのポケットからスマホとワイヤレスイヤホンを取り出した。作業中に音楽を聴くのは会社の規則で禁止されているのだが……。

好きなハードロックで耳に蓋をした。激しいドラム。泣き叫ぶギター。サビのところではボーカルに合わせてシャウトした。

足音には、これで煩わせられなくなった。しかし度々、一種の風圧を感じた。至近距離を人が通り過ぎたときに巻き起こされる風が、前や後ろ、左右から吹いてきた。だが、窓は閉まっておりエアコンも切っているのだから、やはり何かが、居る。

すべての作業をやりおおせて、買い物代金のつり銭とレシートをダイニングキッチンの食卓に置いた。戸締りなどの点検をして、エプロンをバッグにしまい、玄関へ。

靴を履きかけたそのとき、鼓膜を叩いていた音楽が途切れ、突然、静寂に包まれた刹那の後にシャワーの音がバスルームの方から。

喉がヒュッと鳴り、どうか気のせいであってくれと祈りながら片耳のイヤホンを外して部屋の方を振り向くと、やはり聞こえた。

シャワーが全開で出されているに違いなかった。逡巡が胸を駆け巡った。一刻も早く逃れたい。だがシャワーを出しっぱなしで退出するのは論外。十中八九、馘になる。

まだ午後三時だというのに異様に暗い室内で、バスルームの水音が脅すように高まった。

彼女はバスルームに駆け込み、シャワーを止めようとした。しかし、水栓は閉まっており、水は一滴も出ていなかった。玄関へ駆け戻ろうとする、その途中で、寝室のドアを視界の隅で捉えて髪の根が逆立った。

大きくドアが開いていたのだ。それだけではない。底知れない暗闇が、その室内に充満していた。ベッドも何も見えない。部屋の中が漆黒の闇で塗り籠められていたのである。

——そんな目に遭って、もうここの依頼は断ろうと思い、代わってくれるスタッフを探したのだが、結局誰も確保できず、仕方なく翌週も行く破目になった。

パジャマ姿の依頼主は、顔を合わせるなり、「前回、何かありませんでした?」と彼女に訊ねた。何もなかったと答えると、「何かあったでしょう」と、むきになって追及してくる。

答えあぐねていたら、「どうぞお帰りください」と頭を下げられ、帰らされた。

依頼主の自己都合で当日キャンセルされた、と、夏未さんは上に報告した。

それきり、そこからは呼ばれなくなった。

夏未さんは、訪問ヘルパーをしている叔母にこの話を打ち明けた。

今の仕事に就いてから、たまに会って近況報告をしていたのだ。

話を聞くと叔母は「長くやっていれば、たまに変な家に当たるもんや」と彼女に言った。「うちも最近、同僚の代理で行った家で、けったいなことがあってん。一軒家に住む七十代のおばあさんで足腰が悪い。ほんで息子さんが心配して、うちの会社と契約したっちゅうわけや」

——同僚が書いた申し送りを読むと、仲睦まじかった連れ合いを亡くしてから毎日鬱々としており、「早くおじいちゃんのもとに行きたい」というのが口癖で、食も細いが、少しだけでも食べさせてほしいと書かれていた。また、当人は足が悪いので鍵を開けて入るように、とのことで、同僚からその家の鍵を預かった。

訪ねてみると、昭和時代の木造平屋。磨りガラスが嵌った玄関の引き戸の向こうに、大柄な男の影があった。たまたま息子さんが来ているのだ、と合点して引き戸の外から「すみません」と声を掛けたが、玄関の内側にいる人影が微動だにしない。仕方なく「失礼します」と言いつつ引き戸に手を掛けると鍵が掛かっている。

そこで、同僚から託された鍵で開錠したところ、三和土に誰もいなかった。

中へ入ると、廊下の奥から鼻歌が聞こえてきた。声に導かれて行くと、台所で小柄な老婆が待っていた。食卓の椅子に腰かけたまま「おや、こんにちは。ご苦労さん。今日はちゃう人が来るって聞いてましたよ」と笑顔で話しかけてくる。聞いていた同僚の話と違うと思いながら自己紹介して、「ご機嫌ですね？」と訊ねると、

「そうなんや。今日は、おじいちゃんが帰ってきてんねん」との答え。

途端に、食卓の上に吊り下がった電灯がフラフラと揺れはじめた。

「おじいちゃん、どこに居てはるんですか？」

「そこに帰ってきてんねん」

と、老婆が食卓の向かい側を指差したら、そこに立ててあった写真立てがパタンと前のめりに倒れた。「立てて！　立てて！」と老婆が言うので、立ててみれば年輩の男の遺影だった。

「おじいちゃん、これからお食事よ」と老婆が写真に話しかけた。

――夏未さんの叔母によれば、この日、老婆は食欲も旺盛で、あまり手が掛からなかった。その申し送りを読んだ同僚は、「あっこは、ときどき、おじいちゃんが帰ってくるんですわ。よぉ中(あた)りましたねぇ」と笑ったという。

# 十四軒　さわりあり

賢介さんの脛には傷痕がある。

脛に疵持つ身なのではなく、実際に左脚の弁慶の泣き所から脹脛にかけて怪我の痕が張りついているのだ。

長さ二十五センチ幅十センチほど毛が抜けて肌が剝き出しになったところへ、ある部分は指先が潜るくらい窪み、またある部分はケロイド状に膨らんでいる上に全体が赤らんだ派手な傷痕だから、何かの折に脚を出すと人に驚かれる。

不思議なのは、双子の弟の左脚の脛にも、そっくりな傷痕があることだ。

大学時代のゼミの仲間などは、この事実を知ると賢しらな表情で「シンクロニシティですね」と言った。双子は一人が怪我をすると、もう一人も同じように怪我をすることがあると、まことしやかに述べる者は多い。

だが、賢介さん兄弟の怪我には、こんな双子のジンクスでは説明のつかないわけがあった。

――三十年あまり前のことだが、彼の一家は、わけあり物件に住むことになった。

四人家族で、父は在家僧侶であった。

方々の法事に呼ばれて読経するうちに、父はあるとき、霊障のある家から招かれた。

そこの家主が、ここに住んでいた家族に障りがあったから怖くて居られないが、供養が済めば、すぐにでも格安で貸しに出したいと父に話した。

その家は当時小四の賢介さんと弟が通っていた小学校の学区内で、「安くと言うと、おいくらぐらいです？」と父が家主に訊ねたら、住んでいるアパートの家賃をグッと下回る金額を示された。

戦後間もなく建てたと思われる、庭側に縁廊下を廻らせた数寄屋造りの平屋である。ほとんどが和室だが部屋数は多く、庭やカーポートが付いている。折しも秋で、縁廊下のガラス障子越しに真っ赤に熟れた実をたわわにつけた柿の木が見えた。

――父はその場で「貸してください」と頭を下げてしまった。

帰宅してわけを話すと、母は「本当に大丈夫なの？」と不安気な顔をした。そんな母を、父は強いて説き伏せて、すぐに引っ越したのだが……。

後に起きたことを想えば、初日から妙と言えば妙だった。車でその家に向かう途中、まだ朝だというのに、賢介さんが後部座席で眠り込んで、声を掛けても起きなかったのだ。

熟睡しているので、しばらく放っておこうと判断して、先に三人で家に入った。

来るまで母は気乗りしないようすだったが、実物を見ると態度を一変させた。

「何も問題なさそうね。良いうちじゃない?」と笑顔になった――と、賢介さんは、弟に乱暴に起こされてから聞いたわけである。


――引っ越しから一週間ほど経った平日の夕方。

その日、賢介さんは読みかけの本の続きが気になったので早く帰りたいと思っていた。放課後、弟と共に同級生に誘われて、校庭で遊びはじめたものの、やはり帰ろうと思い立って、弟に「先に帰るよ」と告げた。

「いいよ。僕はもう少し遊んでいくから」と弟は彼に応えた。

帰宅して小一時間もすると、家に電話が掛かってきた。母が出てすぐ「ええっ」と驚き、急に真剣な顔つきに変わったので何かと思えば、弟が校庭で遊んでいて大怪我をして病院に運ばれたという。母は「病院に行ってくる。じきにお父さんが戻るはずだから、留守番していて」と言い置いて慌ただしく出掛けていった。

ガラス障子を閉め切った縁廊下から、庭越しに母を見送った。まだ四時頃のはずだが、すでに黄昏の気配が辺りに満ちていた。父の仕事は夜遅くなることは滅多にない。日没前に帰ってくることが多かった。

独りきりになると、家の広さが怖くなってきた。この前まで住んでいたアパートは狭かったが、奥へ奥へと畳の座敷を繰り延べているこの家のような暗さが無かった。ここには物理的な明暗を超えた仄暗い気配が漂っており、いちばん奥まった場所にある仏間などは誰かと一緒でなければ足を踏み入れるのも彼は躊躇した。

外の世界にいちばん近いのは縁廊下だ。柿の木にヒヨドリが留まっているのを見ると、気持ちが和んだ。

そのヒヨドリが、急に甲高い声で鳴きながら飛び立った。

空が落ちてきたか、家が崩れたか、と、思うほどの轟音が鳴り響くと同時に、一面、緑に輝き、縁廊下のガラスが破裂して、破片が彼を襲った。

――意識を取り戻したときには、真っ二つに裂けた柿の木が夜空に炎を噴き上げていた。左脚が痛くてたまらなかった。ズボンの生地を突き抜けて脹脛に突き刺さったガラスが火を照り返している。手や顔にも細かな傷があるようだが、こう暗くては何がどうなっているのか確かめることも出来ない。

泣きながら横ざまに倒れていると、生温い風が甘ったるい香りを運んできた。火に焙られた柿の実の匂いだった。

柿の火が自然に消えた頃、ようやく父が帰ってきた。

驚愕のあまり顔面蒼白になった父に向かって、「痛い」と言うなり、彼は再び気を失った。

次に気づくと病院のベッドにいて、処置があらかた終わっていた。

隣のベッドに弟がいて、彼が目を覚ましたのを見るとすぐに母を呼んだ。

聞けば、弟は校庭で木登りをして遊んでいたところ、植え込みに落ちて怪我をしたのだという。突き立った枝に脛を深く切り裂かれてしまったというのだが、その傷の位置と形が賢介さんとほとんど同じなのだった。

弟は、落ちるときは誰かに突き飛ばされたように感じたと言い、賢介さんの方は、残された状況からは落雷の被害に遭ったとしか思えなかった。

だが、晴天の秋の日暮れに、何ら前触れなく落雷があろうか……。

兄弟は、ある程度怪我が快復するまで母の実家で過ごした。その間に、父が新しい住まいを見つけてきて、やがて同じ学区内で再び引っ越した。

# 十五軒　やなり

家鳴り(やなり)という妖怪がいるというが、木造の家がギシギシと鳴るのは異常なことでもなんでもない。寒暖差や湿度の変化が生じたことによるものだから、やたらと怖がるのも馬鹿らしい。ただ、度を超して鳴りはじめたり、家鳴り以外の現象を伴ったら、それは本当に物の怪の仕業かもしれないとも思う。

岐阜県の揖斐(いび)郡、西濃地方の平野部と山の境辺りにある重臣さんの家は、昔からよく家鳴りがしたという。日が暮れて外気温が下がってきたとき、あるいは強い風が吹いたときに、百年あまり前に建った百姓家は哀れな悲鳴を上げた。

頑丈な造りではあり、大きな改築をしなくとも何とか暮らせてきた。

重臣さんの部屋は、昔は馬小屋があったところ。四枚引きの引き戸の玄関を入った土間の隅に、今は彼の部屋の角が突き出しているが、昔は四角く囲いがしてあってこの家の大事な馬が一頭か二頭、繋がれていた。

戦時中に馬を手放してから、高床の土台に柱を立てて障子や上がり框を付け、畳を入れて、六畳の部屋にした。電気も引いてあり、現代人の使用にも堪える立派な部屋だ。

一家で最も若く屈強な男をここに置くのは、番人や用心棒の役目が期待されたためで、決して彼が粗末に扱われていたわけではない。

土間から外に出ると、この家の田圃が広がっていた。春夏は緑の、秋には金色の水稲が見られる。一家は兼業農家で、十年あまり前に定年退職するまで父は地元の役場に勤め、母は祖父母と一緒に田圃仕事をしながら家事育児をしてきた。現在は、妹は上京して都内の会社で働いており、祖父母は幽界へ還り、村の氏神さまの神主をしている四十代の重臣さんと両親が暮らすだけの家になった。

重臣さんが大学二年の夏、送り盆の直後から台風が岐阜県に急接近してきて、その日の夜半、いよいよ上陸することになった。

家族で使う水は電動モーターで汲み上げた井戸水ですべて賄っており、停電すればトイレも流せないから、こんなときは早く寝てしまうに限る。日が落ちないうちに夕食を済ませて、雨戸を閉め切り、八時頃には各々部屋に引っ込んだ。

重臣さんも、元馬小屋の六畳間で蒲団に体を横たえた。間もなく、その頃は存命だった祖父母、両親、高校生の妹も寝たと見えて、ひたひたと静寂が押し寄せた。

最初は静かすぎるくらいだった。夏の盛りからリンリンと鳴きはじめる鈴虫たちも、台風接近を察知したのか、今夜は押し黙っている。

停電したときの用心のために、彼は枕もとに電池式のランタンを置いていた。扇風機を弱くつけて部屋を暗くすると、すぐに眠気が襲ってきた。

——梁が軋む音で目が覚めた。

家鳴りだ。続いて風が雨戸を鳴らす音が聞こえ、ザーッと強い雨音が始まった。

気づけば扇風機が止まっていた。ランタンを点けて手もとを照らしながらスイッチを入れようとしたが点かない。早くも停電したらしい。

天井から吊るした電灯も点かず、ランタンの明かりだけを頼りに、土間へ下りてみた。

みんなは大丈夫かな——と思いながら、玄関の上がり框の方へ目を向けた。

いつもは開けておく座敷の出入口の引き戸が、今夜は閉まっている。もしも玄関が壊れても風雨が吹き込まないように、用心したのだ。

そのとき、背後でガタガタジャラジャラとひときわやかましい物音がした。

振り向けば、壁に吊るした鏡が上下に揺れ騒いでいた。ジャラジャラうるさいのは鏡に付けた鎖である。壁に木螺子（もくねじ）を打ち込み、そこに鎖を掛けて鏡を吊るしてあるのだ。

その鏡が、ひとりでに繰り返し跳ね上がっている。

信じがたい現象を前にして声も出せずに固まった――と、次いで、座敷の戸が勢いよく引き開けられた。

戸袋がピシャンと鳴るほど乱暴に戸を開けそうなのは、自分以外には父しかいない。

「親父……」と言いながらランタンの明かりをそちらへ向けたが、そこに父の姿はなく、見ているうちに引き戸が閉まった。戸に手を掛けている者が誰もいないようなのに。

気づけば、家鳴りは、いよいよ盛大に鳴り騒いでいた。雨が軒を叩く音と風が雨戸を揺らす音、それらに負けじとキュッキュギッギッと家じゅうが悲鳴を上げている。

ほどなく、ランタンの明かりが届かない闇のそこかしこで何かが蠢(うごめ)きはじめた。

視界の端で、もぞり……と動くもの。スーッと頭上を飛び越えるもの……。

たまらなくなって寝床に逃げ戻ろうとしたら、土間の隅に広げて干してあったこうもり傘が一本、把手を地面につけて開いたまま立ち上がり、片足飛びをする子どものように、リズミカルにピョンピョンと近づいてきた。

腰を抜かして尻餅をつき、尻を地面につけたまま後ろ向きに這いずって自分の部屋に辿りつくと、震えながら上がり框を這い上がった。

引き戸を閉める間際、すぐそこに迫った傘が見えた。

父がいつも使っているふつうの黒いナイロン傘なのが、余計に恐ろしい。

閉めた引き戸がガツンと叩かれ、たぶん傘が頭突きしてきたのだと思ったが、この戸が押し開けられませんように、と、祈ることしか出来なかった。

タオルケットの中でランタンを抱えて、朝までまんじりともしなかった。

——やがて風雨の音が止み、両親が会話しながら土間に下りてきた。

恐る恐る部屋から出ると、どこにも何も変わったところが見られない。

父と雨戸を開けると、天高く鳶が輪を描いていた。のどかな朝だ。

すべては夢だったのかと思いきや、父が彼の尻を指して「泥まるけやが、どうした?」と訊ねた。

昨夜、腰を抜かして土間に尻を擦りつけながら部屋に戻ったときの記憶が蘇り、こうもり傘を探したところ、元あった位置に戻っていて、もうピクリとも動かなかった。

十六軒

# やねうら

バブル景気真っ只中の一九八七年、和司さんの一家は山形市の市街地から市内郊外に引っ越した。それまで借家に住んでいたが、父が営む運送業が時流の波に乗った結果、土地を買って家を新築することになったのだ。

家は二階プラス広い屋根裏という、実質、三階建て。

三階の屋根裏部屋に個室が三つあり、兄と和司さんと妹に、一室ずつ与えられた。

ちなみに、この家は、いわゆる注文住宅で、設計にあたり父のアイデアが随所に盛り込まれた結果、とても個性的なフォルムを持つに至った。

正六面体の上に正四角錐が乗っかった、つまり、サイコロの上にピラミッドを載せたような恰好に仕上がったのだ。

このように一つの頂点から四方へ同じ角度で流れる屋根を、方形屋根（ほうぎょう）という。

神社や寺院ではポピュラーだし、屋根の形としては一般の住宅にも珍しくないが、四角錐の中をまるごと居住スペースにした例は、あまり聞かない。

それもそのはずで、屋根裏は屋根の温度の影響をダイレクトに受けるため、夏は暑く冬は寒く、湿気や熱気が溜まりやすいので、本来、住むには適さないからだ。

しかし、和司さんの家の屋根裏には、天窓や換気口を設けるなどして、ある程度快適に過ごせるように工夫が凝らされていた。

——さて、そんな家が、西に蔵王連峰を望み、清流が流れる田園地帯の只中に建った。ここは現在は住宅地になりつつあるが、当時は県内でも指折りの米どころであった。にぎやかな町中で生まれ育った和司さんは、当初は戸惑うことも多かったという。

暮らしはじめたのは三月の終わりで、四月から彼の兄は中学校に、妹は小学校に、それぞれ新入学し、彼は妹と同じ小学校の五年生のクラスに転入した。

——転校生の孤独を余儀なくされたせいだろうか。一学期が始まって間もなく、彼は夢遊病を発症した。

——夜の十時を過ぎると、毎晩のように階段を下りてきて、玄関の三和土に裸足で立つと、引き戸を内側からノックしながら、

「開けて、開けて。出して、出して」と少女の声で切なく懇願するのだった。

両親や兄は、まだ起きている時間である。

知らない女の子の声とノックの音がするので、みんなで玄関に行くと、「開けて」と言っているのは、紛れもなく次男の和司さんだ。

呼んでも返事をしない。肩を摑んで正面を向かせてみれば、表情が虚ろで、遠い目をしている。「やめなさい」と叱りつけても目を覚まさず、尚も女の子の声で「開けて」「出して」と繰り返す。

結局、乱暴に体を揺すって、無理矢理、目を覚まさせるしかなかった。

たいへん気味が悪かった——と、和司さんは度々聞かされたが、覚えがないので返事のしようもなかった。彼自身が記憶しているのは、正気を取り戻させられてから先で、さっきベッドに潜り込んだはずなのに、気づくと玄関にいて、家族に取り囲まれている、というわけである。

睡眠障碍としての夢遊病こと睡眠時遊行症は、子どもに顕著に見られ、精神的なストレスが原因になることが多いそうだから、彼のケースもあてはまりそうだ。

だが、女の子の声色で毎回決まって、玄関の引き戸を叩きながら開けて出してと騒ぐ点が特異で、単なる夢遊病とは思えない。

数ヶ月も経つとこの症状は治まったが、今度は金縛りが始まった。

きまって深夜の二時頃に急に目が覚めた。体の自由が利かず、動かせるのは左右の目玉だけで、天井に視線をさまよわせるしかなかった。

この部屋の天井には、屋根裏に特有の勾配があった。足もとに向かって斜めにせり上がっていく、本来は白い天井だ。

それが、なぜか今は深みのある真紅に染まっている。赤黒いカラーフィルターを透過した光に照らされているかのようだ。

身じろぎすらできず、唖然として赤い天井を見ていると、やがてベッドの足もとの方からコトッコトッと硬い音が聞こえてきた。

音は止まず、コトッコトッコトッコトッと間断なく続く。

瞳を下に引きつけて、なんとか首を少しもたげることに成功したところ、そちらで起きている状況が見て取れた。

華やかな振袖を着た、年頃は六つか七つの、おかっぱ頭の女の子がしゃがみ込んで、真っ赤なレンガを積み上げていた。

わけのわからない事態に混乱し、全身が瘧(おこり)を起こしたかのように激しく震えてきて、そのうち気が遠くなって何もわからなくなった。

目が覚めたときには、天井の色は元に戻っていて、晴れ着の少女とレンガも消えていた。

和司さんは、高校卒業と同時に上京して、以来、都内で暮らしている。

――上京した翌年の正月に帰省した折のことだ。自分が使っていた部屋へ行くと、小学生のときにゲームセンターのクレーンゲームで獲ったぬいぐるみが数個、棚に並べて置かれていた。懐かしい気持ちに駆られて何気なく手に取ろうとして、驚いた。

ぬいぐるみの腕を摑んだところ、腕が肩から千切れてしまったのだ。さらに、床に落ちた途端に、首が捥げて転がった。

しかも感触がなんだかジメッとして掌に粘りつくようだった。あまりの気持ち悪さに、思わず手に残った「腕」を振り落としたら、人造の毛皮の一部が剝がれて掌に貼りついてきた。

他のぬいぐるみはどうだろうと思い、残る五、六個を触ってみたところ、すべてボロボロに傷んでいた。一見しただけでは正常に見えたが、触れた先から毛皮が剝がれ、縫い目からほどけて五体がバラバラになってしまう。

ぬいぐるみが、こんなふうに腐ることがあるだろうか。

母に、ぬいぐるみに何かやったのか訊ねたが、何もしておらず、ただ、昨年の春、彼が出ていった後に棚に並べ直しただけだという。

そう聞いてから、あらためて三階の部屋を眺め渡すと、住んでいたときには感じなかったが、天井の勾配や、二等辺三角形をした部屋の形に強い違和感を覚えた。

ベッドに座って部屋を見回しているうちに、吐き気と眩暈に襲われて、慌てて階下に逃れなってきた。

た。滞在中は仕方なく元の自室に泊まるしかなかったが、日増しに気が滅入り、体調が悪く

最初は偶然だと思っていたが、帰郷する度に心身に不調を来たした。

また、彼は東京で独り暮らしをするようになってから非常に活動的になり、性格まで明るく変わったことを、年々自覚するようになってきた。

同じことは、彼が家を離れた四年後に上京してきた妹にも言えた。

一方、家に留まった兄は、二十歳を過ぎた頃から少しずつ引き籠もりがちになった。進学や就職に失敗し、数年前から鬱病の治療を受けている。

生来頑健で長生きすると思っていた父が六十代で急死すると、和司さんは、家に原因があるのではないかと思うようになった。

西に蔵王連峰を望むこと自体は、むしろ太陽の光を取り込める方位であるため、家相学では運気を上げるとされていた。また、風水では「山は龍の背中」と言われ、山の付近は家に龍脈が流れ込むため吉相だとされている。

しかし、彼が調べてみたところ、その山々から流れ落ちる水と土地の性質、そして屋根裏部屋に問題があることがわかった。

彼の家の辺りは田圃が多く、昔は米どころだった。それは、水はけが悪い土地の特徴を活かした結果だったのだ。風水では水は陰の気とされる。ことに、流れることのない水は腐敗

と破壊を呼び寄せるとして、家運を下げると言われていたのだ。

屋根裏部屋は、天井の勾配と部屋の形が風水的に難があった。

勾配のある天井や四角くない部屋の形は、情緒不安定を招き、運気を下げるという。心が乱れて勉強が捗らず、熟睡しづらいので、特に子ども部屋に屋根裏は禁物とのこと。

風水や家相は単なる迷信ではない。長年の経験則に基づいた、安全と健康に資する知恵の宝庫だ。そのため昨今では、住宅メーカーや建築士の多くが参照している。

しかし、それだけでは説明がつかない現象が起きていたと思うのだが。

――ぬいぐるみが異常に早く傷んだこと。真紅のレンガを積んでいた振袖の少女。それに、女の子の声で「開けて」「出して」とドアを叩いていた夢遊病。

和司さんは、二階か一階の部屋に移ったらどうかと兄に再三、勧めている。

だが、まるで屋根裏部屋に魅入られてしまったかのようで、頑として聞き入れてくれないのだという。

# 十七軒　あかずのま

お化け屋敷といえば、誰しも遊園地やテーマパーク、あるいは夏祭り会場などにある作り物を思い浮かべるのではないか。昨今は民家を利用した小規模なお化け屋敷もあって、人気を集めている。ふつうの家を舞台にしており、リアリティが感じられるからだ。

だが、どんなに出来が良くても、従来のお化け屋敷は、しょせん作り物だった。

――桐木けん坊さんがプロデュースするイベント開催団体《暗夜》が登場するまでは。

私は、昨年、「北野誠のおまえら行くな。」という配信テレビ番組で桐木さんにお会いしたのだが、二、三年前から、拙著の愛読者さんを通じて《暗夜》の存在を知っていた。

実話としての怪談を追求する拙著の愛読者さんの一部には、心霊スポットや怪奇現象に関心が高い方たちがいる。そんな読者さんたちの間で《暗夜》の噂が広まっていたのだ。

「《暗夜》はヤバイ。本当に心霊現象が起きる事故物件を使っていますからね」

と、彼らはみんな等しく興奮して口を揃えていたものである。

正真正銘の事故物件で、実際に心霊現象を体験させるタイプのお化け屋敷。そこに嘘が無ければ、確かに画期的だと私は思った。……つまり半信半疑であった。

そんな矢先、当の桐木さんと番組で共演することになったのである。

桐木さんは、まだ二十代。彼は、世間がホラーにリアリティを求めていることに、おそらく本能的に気づいていた。二〇一八年に出版された松原タニシの書籍『事故物件怪談　恐い間取り』の大ヒットを契機として、事故物件ブームが起きた頃のことだ。

「殺人事件が起きたり腐乱死体が発見されたりしたいわくつきの物件で、本当に怪奇現象が起きるのか？　みんな知りたいと思うわけですよね。僕自身にも、もしも幽霊が存在するなら見てみたいという好奇心がありました。実は、《暗夜》を始めるまで、霊の存在をあまり信じていなかったんですよ」

そこで、あらゆる伝手を使って本物の事故物件を調達。二〇一九年、《暗夜》を立ち上げてSNSで客を募ったところ、申し込みが殺到したというわけだ。

「お客さまの大半は、ふつうの作り物のお化け屋敷ではあきたらないから事故物件を使った《暗夜》に来るのであって、幽霊がいると頭から信じているわけではありません。より強い刺激を求めていらっしゃるんです。昔の僕と同じです」

真正の事故物件を用いた遊興施設を作ることは、良く言って鋼の合理的精神、悪く言うなら人の死に対する無感覚と不謹慎の誹り(そしり)を物ともしない図太さが無ければ、思いつかない。

しかし、不可解な出来事に何度も立ち会った結果、桐木さんは変わった。

「ここ三年あまり活動してきて、公式ホームページで公表しているだけでも、霊障によるイベント中止は四十九組、イベント中に撮れた心霊写真は百十五枚。憑依現象にも二十回以上は立ち会いました。幽霊はいます。呪いも祟りも実際あります」

参加者が霊障による被害を受けた場合に備えて、行政書士に作らせた五枚綴りの契約書も用意。さらに今では、《暗夜》専属のユタがいるという。

「宮古島のユタの中でも特に強い霊能力を持った方と契約しています。ほとんどの自称霊能力者は詐欺師だと思いますが、幽霊と同じで、霊能力者にもたまに本物がいるんですよ」

――では、桐木さんの気持ちを動かした心霊現象付きの事故物件のうちでも、彼が最も恐ろしいと太鼓判を押す家をご紹介したいと思う。

あるとき、埼玉県某所の家主が、持ち家を譲りたいと《暗夜》に申し出た。

なんでも、ここ三年ばかり住んでいたが、いわくつきの開かずの間があり、心霊現象が頻発するという。ついには霊障のせいで恋人に怪我をさせてしまったので、一刻も早く手放すために無償譲渡したいとのことだった。

桐木さんがさっそく訪ねていくと、そこは、たいへん辺鄙（へんぴ）な田舎だった。

最寄り駅まで車で片道三十分と聞いて、当初は町なかを想像していたが、向かう途中から寂しい峠の一本道になった。道を挟む山肌のところどころに果樹園や野菜畑があり、合間を雑木林が埋めている。近隣に農家があると言えばあった。しかし一軒ごとの敷地が広く、隣家まで数百メートルも離れていたのだ。

やがて問題の家に到着した。伝統的な百姓家の造りの古民家で、お化け屋敷にはピッタリだと桐木さんは思った。

引き戸の玄関、土間になった三和土、高床になった上がり框。土間から入ってすぐの一の間に囲炉裏があった。奥には、四部屋の和室が大黒柱を囲んで田の字型を成していた。築百五十年以上になるそうで、屋根裏になった二階は当初、養蚕に使われていたという。

家主は筋骨隆々の元自衛隊員だった。彼は自衛隊を退職した後、農業に転職、果樹園に雇われて働いていたと語った。果樹園に近いこの家を入手して最近まで住んでいたが、

「前の持ち主から開かずの間があると聞かされても、気にならなかった」

と言うぐらいなので、本来は非常に豪胆な性質だと思われた。

ちなみに開かずの間とは、宗教がらみの禁忌や足を踏み入れると霊的な障りが生じるなどといった言い伝えがあって、開放を禁じられている部屋のことだ。

開かずの間には、何らかの逸話が必ずと言っていいほど存在する。

家主によれば、この家のそれは、およそ六十年前に、身寄りのない四十歳前後の男が病死し、死後半年以上経って発見された部屋であった。

男は蒲団に横たわったまま亡くなった。

蒲団から畳まで腐敗液が深く染み込み、ドス黒く変色していた。室内に干された洗濯物が腐臭を纏いつかせながら乾き切っていた。

半ばミイラ化した遺体の枕元に、服用していた薬と、子どもの写真があった。

離婚したのか死別したのかわからないが、かつて妻子がいた事実を示唆する物が家のあちらこちらに遺されていた。たとえば別の部屋には婚礼写真があった。綺麗な花嫁と並んで写っている頑健そうな花婿が、この亡骸となった男だと推測できた。

男に何があったのか、近隣住民は誰も知らなかった。どこかからここに流れ着いて孤独死したのである。

——そして最期の部屋は、男の命が尽きたときのまま封印された。

腐汁が染みついた蒲団や畳も放置され、現在も、朽ちるにまかせられている。

今日までの長い年月が部屋の禁忌を示唆していた——死臭が抜けてからこの方、この家にはさまざまな人々が住んできた。家族連れ、老夫婦、陶芸家、農家……。

彼らが繰り広げる人生模様、悲喜交々があった。たとえば家主は、「昔この家で暮らしていた八歳ぐらいの女の子が近所の小川で溺死したそうだ」と、そのとき桐木さんに話した。

それもまた、住人から住人へと受け継がれてきた物語の一つなのだ。

しかし歳月を飛び越えて、開かずの間は変わらず在りつづけたのである。気味の悪い蒲団を廃棄し、畳や襖を入れ替えて利用したいと誰も思わなかったのだろうか？

こうなると、部屋が保存されている事実それ自体が、年々、恐怖を積み増してしまう。

家主は「自分は襖の隙間にガムテープを貼った」と桐木さんに打ち明けた。

「開かずの間に居る者が隙間に目を当てて覗くから。……人間の目、だった」

この家主によれば、住みはじめた頃から、ふつうの家鳴りとは違う、人間の生活音や足音が聞こえていた。襖の隙間から覗かれたときは、さすがに怖くなり、ガムテープで目張りした上に神社の御札を貼った。

「これでもう大丈夫だと思ったんだが、ある日、別の部屋で昼寝していたら、胸苦しさを覚えて目を覚ました。すると見たことのない女が腹にまたがっていて、目が合った」

目が合うと途端に女は馬乗りの姿勢から深く屈み込み、家主の顔を近々と覗き込んだ。

長い黒髪が覆いかぶさり、冷たい毛先が頬に触れた。

「ゾッとして、咄嗟に思い切り頭突きを喰らわせた。女はのけぞって後ろに倒れた。でも飛び起きて顔を見たら、それは付き合っていた彼女だったんだ。彼女は、あんな真っ黒なロングヘアではなかった。明るい時間帯で、見間違えるわけがない。手加減なしに頭突きしたから、顔にひどい怪我を負わせてしまって……」

四谷怪談や累ヶ淵の、怨霊と間違えて自分の恋人や妻を殺してしまう場面を髣髴とさせる出来事だ。

だからこの家を出たのだと家主は語った。早く手放したかったが貰ってくれる人が見つからず困っていたときに、《暗夜》の存在を知ったのだという。

桐木さんは、この家主から家を無償で譲渡してもらった。

最後に家主は彼に「神棚に置かれた骨壺を開けてはいけない」と真剣な面持ちで告げた。

だから、とりあえず開けずにいたが、だんだんと中身が気になってたまらなくなってきた。

およそ八ヶ月は我慢した。しかし、その頃ここで行ったイベントでさまざまな怪異が起きた末に霊障による死者まで出るに至り、とうとう堪えられなくなって、神棚の骨壺を開けてみた。

中には遺骨と一緒に、長い女の黒髪が束になってとぐろを巻いていた。

彼は震える手で蓋を閉めて神棚に戻した。黒髪に、思い当たることがあったのだ。

元家主に白昼、馬乗りになっていたという女も黒髪を垂らしていた。それから、この家にときどき束になって落ちており、仏壇の奥にもあった、あの漆黒の長い髪――。

彼は、家を手に入れてから間もない頃、仏壇の掃除をしているうちに、それに気づいた。

本尊を祀る須弥壇の台を弄っているうちに、前面の板がパカリと開き、もつれあった髪の毛が溢れ出てきた。一本一本が細い、長さ四、五十センチの黒髪で、丼一杯分もの量がある。そんなものが須弥壇の中に押し込まれていたのだ。

誰かが意図的に隠したとしか思えなかった。元家主は知っていたのだろうか。

桐木さんは、軍手を塡めて髪の塊を須弥壇の中に押し戻し、元通りに塞いだ。

それからである。家のあちこちで髪の毛を見つけるようになったのは。

一本や二本ではなく、少なくとも二、三十本はあろうかという束が床や畳に落ちているのである。捨てようが、拾って取っておこうが関係なく、際限なく湧いて出てくるかのように、髪が現れた。いつも真っ黒な長い髪だった。

髪質が骨壺の髪と同じだと思われた。

これらはもしや、六十年あまり前に独りで死んだ男の妻の遺髪なのではないか……。

二〇二一年に、約半年かけて《暗夜》のイベントをこの家で開いた。

——そう。これが骨壺を開ける動機ともなった、問題のイベントである。

深夜から朝にかけて行い、基本的に、最寄り駅までの送迎は桐木さん自身が務めた。

完全予約制で、参加者は一晩あたり一名から七名まで。着いてすぐにルールと注意事項を説明し、その後は囲炉裏を囲んで夜食タイム。

食材などの持ち込みを許可しており、台所を使ってもいいし、囲炉裏で鍋や焼き肉も出来る……などと聞くと楽しそうだが、恐怖のあまり食べ物が喉を通らず、この時点でリタイヤしてしまう人々も珍しくなかった。

桐木さんには、来て早々に脱落した彼らの気持ちが理解できた。幽霊を信じていない人は、価値観が変わってしまうことを何よりも恐れている。だから、おかしな現象に遭遇すると耐えられない。現実を拒絶するために、その場を離れるしかなくなるのだ、と。

彼にも、かつてそういう時期があった。

「いないはずの人に触られたり、声が聞こえたりするとパニックを起こす人がいます。たとえば開かずの間から大きな音が響いてきて、誰もいない屋根裏から足音がする。あるいは飾ってある人形やマネキンが勝手に動くわけですよ。怪奇現象に慣れている僕ですら怖いのに、初めてなら耐えられなくても無理はありません。虚勢を張る必要はありません。強いところを見せようとして、結局、亡くなった方もいますから」

開かずの間に強引に入った参加者が、半年で二人亡くなり、一人は精神を病んだ。

——一人目は妻子を連れて参加した三十代の男。

「金髪で剃り込みを入れていましたっけ……。格闘技を習わせているという十二歳前後の男の子と奥さんと一緒に来た人です。揃って粗野な人たちで、僕を乱暴に突き飛ばして、三人で開かずの間に押し入ってしまったんですよ。『オバケ出てこい』と叫んだかと思うと、父親と息子でプロレスごっこをしはじめて、物は壊すし……無茶苦茶でした。でも、その後、家の近くで肝試しをしたところ、途中で父親が階段から転落して脚を骨折しましてね……それが、骨がズボンの生地を突き破って鮮血が噴き出すような重傷で。救急車で搬送されたのですが、一ヶ月後、奥さんから連絡がありました。夫にお祓いを受けさせたいから、霊験あらたかな神社か寺を教えてくれというんですよ。入院中からようすが変で、退院しても元に戻らない。これは悪霊に取り憑かれているのではないかと思う、と。僕は、お住まいの近くにあるお寺や神社に問い合わせたら如何でしょうと応えたのですが、それから数日して、再び奥さんから連絡が入って、夫は自殺しました、と。自ら運転していた車で東京湾にダイブして、お亡くなりになったそうです」

——二人目は芸能事務所の若手社員だった。

「人気配信者を抱えるベンチャー系の芸能プロの人たちが五人で来たんですけど、到着したときには、すでに酔っ払っていました。僕が止めるのも聞かず開かずの間に乱入すると、大音量で音楽を流して、持ち込んだ酒を散々飲んだ挙句、中の一人が畳にゲロを吐きました。その人は帰宅直後に首吊り自殺したと関係者から後日知らされました」

——開かずの間に入って精神に不調を来たした女もいた。

「四十歳ぐらいの女性で、開かずの間に入らせろと言って退かなかったんですよ。止めたんですよ？　この部屋に入った結果、怪我をした人もいると言ったんです。でも十分だけでいいから入れてくれとせがまれて根負けしました。『自己責任ですよ』と言って入らせて、十分経って出てきたときは『こんなもんなの?』なんて言って笑っていたので、僕もホッとしたんですけどね……帰宅後、不眠症になってしまったんですって。毎晩、黒い影が目の前を行ったり来たりしはじめて眠れなくなったということでした」

彼女は、損害賠償を求める訴訟を起こすと桐木さんを脅してきた。

「こっちには契約書がある上、彼女の話には証拠がなく、万が一、訴えられても負けるとは思いませんでした。でも、とりあえず話を聞いてあげようと思って、弁護士を連れずに僕一人で会いに行ったんです。そうしたら……彼女、両目の下に紫色をした凄いクマが出来ていて、全然まばたきしませんでした。僕を訴えるのは止めたと言ってくれましたけど、盛んにSNSに投稿する人だったのに、それ以来、書き込みが途絶えているので心配です」

これらの他にも数々の霊障やトラブルが相次ぎ、専属契約をしている宮古島のユタに相談したところ、即座にこの家でのイベントを中止するように諭された。

そこで二〇二一年十二月末日を最後に、ここではイベントを開催していない。

たまに桐木さんが一人で訪れると、開かずの間から何者かが歩きまわる足音が聞こえ、家じゅう至る所に女の黒髪が散乱しているという。

# 十八軒　ならわし

日本三景の一つ、松島の南部にある宮城県の七ヶ浜町は、太平洋に優しく差し伸べられた半島から成り立っている。ここの人々は昔から、湊浜、松ヶ浜、菖蒲田浜、花渕浜、吉田浜、代ヶ崎浜、東宮浜の七浜に分かれて住み、浜ごとに異なる習俗を持っていた。

同町には大規模な貝塚が多数ある。古代から海と共に暮らしてきたこの地の人々を津波が襲ったのは、二〇一一年三月十一日のことだった。この日発生した東日本大震災によって、町域の約三十六パーセントを海に呑まれた。

被害を受けた家々は四千軒に迫り、辛くも難を逃れた住人たちは、水が引いた後の荒れ果てた大地を前に呆然とした。たとえ家屋や家族を失わずに済んでも、身過ぎ世過ぎに打撃を被った者も多かった。

不動産業と漁業を営んできた美咲さんの一族も、代々の家業に甚大な影響を受けた。

津波のとき高三だった美咲さんは、東宮浜の旧家の生まれ。津波の後、彼女を含め一族の若者たちの大半が土地を離れた。復興が進むにつれ故郷に戻る者もあるだろうが、数年後、数十年後に帰ってきたとき、彼らを出迎えるのは、昔のままの古里だろうか。

時代の波も、津波以上に逃れがたく、土地の文物に変化をもたらす。

美咲さんから傾聴した集落や一族の伝承には、今日の価値観に照らせば批難されそうなものが少なくなかった。

たとえば、彼女の一族では、家督の継承者は、左利きで色盲の男子に限られた。従兄弟が全員左利きで色盲の傾向があったため、家長たる祖父は、将来の家長候補を選ぶのに苦労したという。ちなみに美咲さんも左利きで弱色盲だったが、候補からは外された。理由は女だからで、しかも女が左利きなのは許しがたいと親戚から指弾されて、強制的に右利きに直されたとのことだ。

これだけなら旧民法の家父長権に類似している。

だが、この辺りの家長は、家督を相続するだけではなく、自らが率いる一族を、姻族や血縁者の外にまで拡げる権限を持っていた。つまり一種の〝族長〟だ。

無論、赤の他人を身内に迎え入れることは集落全体のコミュニティに関わってくるため、一軒の家長の一存では決められなかった。

他人を一族の者と認めさせるには、集落の他家の家長たちと共に秘密の儀式——身内になりたい者にとっては通過儀礼――を執り行う必要があったという。

美咲さんの曾祖父は、集落に住む貧しい住人を、積極的に一族に受け入れた一人だ。

彼はあるとき、他県から流れてきた、任侠くずれを自称する男を身内にし、自分の屋敷のある丘の麓に家を建てて住まわせた。

数年間そこに居たが、あるとき急に失踪し、海に落ちて亡くなったという噂が立った。

当時小学生だった美咲さんの母は、その男は亡者になったと今でも信じている。

「だって、夜になるど、港がら吹ぎ上がってくる潮風さ乗って、その人の声が丘の上まで届いでぎだんだがら……。空ぎ家になった麓の家から祖父ちゃんの名前を呼んでるようだった。ある嵐の夜さ、まだ声が……あまりに何度も叫ぶがら、お父さんが家まで見さ行った。でも誰もいねがったって。ところが叫び声は、お父さんが出掛げでがらも、ずっと聞ごえでだんだっちゃ。お父さんが戻ってくるど、ひときわ大声で叫んで、やっと静がになった。あいづは祖父ちゃんを怨んでだんだって。せっかぐ身内にしてけだのにねぇ」

なぜ、身内に入れてくれた曾祖父を怨んでいたのか。

その答えを、美咲さんの祖父は知っていた。

「親父は内緒にしていたが、戦後、財産隠しの協力者を身内に入れていた時期がある」

――一九四六年三月三日、新円切り替えと同時に設けられた特別税により、不動産を含む千五百万円超の財産に九十パーセントの税が課された。

彼女の曾祖父は、集落の習わしを利用して身内を大勢増やし、彼らに不動産を譲渡することで徴税を逃れたのだろう。特別税の徴収は一回限りだった。しばらく後に、にわか身内たちから不動産を返させれば、財産隠しに成功するわけだが……。任侠くずれの男は、返したがらなかったのかもしれない。後ろ暗いことに協力してやった割には見返りが少ないと感じて、怨んだのではないか。

美咲さんの曾祖父が建てた長屋の身内は、祖父が家督を継いだ頃から、老衰などで次々に世を去った。やがてすべて空き家になると、祖父は長屋の土地を売り払った。

いつしか身内を増やす習わしは廃れた。祖父は早々に止めた一人だった。

曾祖父以前からの疑似的な親戚の家は、急速に減っていった。

最後まで残っていたのは、美咲さんより十歳ぐらい年上の息子と母親、母親の父である年老いた男からなる三人家族。彼女の家の向かい側に住んでいたので、息子が高校を卒業する頃までは家族ぐるみで親しく付き合っていた。しかし以降は息子の奇行が目立ってきたことから次第に疎遠になり、やがて老人が浴槽で変死、それから間もなく母親も倒れて介護施設に入所してしまうと、行き来が完全に途絶えた。

その家は二十代の青年が独りで住む家になったわけだが、訪ねてくるのは民生委員ぐらい。彼は無職の引き籠もりとなり、住まいは年を追うごとにゴミ屋敷と化していった。

そんな状態が数年続き、美咲さんが高校生のときのある日、学校から帰ってくると、その家の息子が門の前に裸足で立って「大きな黒い生き物が、家の中を這い回っている！」と喚いていた。人だかりがしていたが、ほどなく駆けつけた警察官が彼をなだめながら家に入ると誰しも興味を失って立ち去り、後は不気味なほど静まり返った。

数日後、彼はトイレの便器に顔を突っ込んで溺れ死んだ。

——こうして、昔から継承されてきた身内づくりの習わしは終焉した。

通過儀礼を司っていた集落の家長たちは鬼籍に入り、どんな儀式が行われていたか知る者も、すでに一人もいないという。

美咲さんの母が幼い頃といえば六十年代ということになろうが、その頃までは残っていた「ヨダレカンカン」も消え去って久しい。

いつからかわからないほど遠い昔から、東宮浜には、「ヨダレカンカン」という妖怪のような者が居たのである。人間かもしれないが、よくわからない。

ヨダレカンカンは、ヨダレカンカンと呼ばれる者を扱う習わし全体を表す名称のようでもあった。

——それは、黄昏どきに集落の家を訪ねてきた。

前触れもなく突然来る。何ら規則性も無かった。

しかし、ヨダレカンカンが来訪する家の女たちだけは、当日の朝になると、なぜか察知して準備を始めることが出来た。男や子どもには予知できない。ただ、子どもを産める体となった女だけが直感できたという。

来るとわかると、まず彼女たちは酒と御馳走をたっぷり用意した。中身は贅沢であればあるほど良いとされた。

それを粗末な器に盛り、盆に載せて玄関の土間の真ん中にじかに置く。その際、箸は添えず、座布団や敷物も要らないとされていた。

次に、ヨダレカンカンは子どもを攫っていくと信じられていたので、家の子どもたちを押し入れや奥の座敷などに適宜隠して、「出てきてはいけない」と言い聞かせる。

そして上がり框に横一列に正座して待つ——と、やがて、派手な着物をだらしなく羽織ったヨダレカンカンがやってくるのだ。

戸口を隠すほどの巨体で、櫛を入れたことがなさそうな蓬髪を垂らしている。

性別はわからない。裸足で歩いてきて、勝手に戸を開けて入ってくる。口を利かずに戸を閉めて、黙って土間の盆の前に座り込み、御馳走を手づかみで食べはじめる。

終始無言だ。女たちも決して話しかけない。会話は禁じられている。

目を合わせてもいけないから、姑も嫁も小姑も、ヨダレカンカンが戸を開けた途端に、土間に向かって平伏した。

尚、男の家人は、このとき玄関に近づくことすら禁物と言われていた。

――美咲さんの母は、六歳ぐらいのあるとき、ヨダレカンカンが来ると好奇心が抑えきれなくなり、襖の隙間から一部始終を覗き見したという。

ヨダレカンカンは、牛のように大きかった。華やかな色柄の絹の着物を纏っていたが、前が大きくはだけ、でっぷりと肥えた白い腹が露わになっていた。

もつれあった黒い髪の毛が顔を隠していて、男か女か見当がつかない。

土間にどっかりと座り込むと、ムシャムシャ、グチャグチャ、汚らしい咀嚼(そしゃく)音を立てて御馳走をたちまち平らげた。

そして、来たときと同じように何も言わずに立ち去った。

ヨダレカンカンが去ると、女たちは立ち上がって土間を片づけはじめた。みんな顔をほころばせている。たいへん嬉しそうだ。

それもそのはず、ヨダレカンカンに選ばれ、掟どおりにもてなすことが出来た家には、福が来ると信じられていたのである。

――ヨダレカンカンは妖怪のようでもあり、知能に問題のある者を集落全体で養うための知恵のようでもある。

しかし後者だとすると、昔から常に少なくとも一人はヨダレカンカンが居たことの説明がつきづらい。

その来訪を女たちが直感で中てるのも、不思議なことだ。

美咲さんの母によれば、ヨダレカンカンは、いつの間にかどの家にも来なくなり、だんだん忘れられていったとのこと。

七ヶ浜町の東宮浜地区の奇譚的な伝承として世間で知られているのは、東宮明神の紫石と笠岩堂縁日の由緒だ。これらは、美咲さんから貸していただいた一九六七年に編纂された『七ヶ浜町誌』や同町の観光協会の案内でも紹介されている。

片手落ちの誹りを免れるために、まず、東宮明神の紫石から簡単に解説しよう。

東宮明神こと東宮神社は、塩釜の地名の元になった鹽竈神社の末社。勧請年代は不明だが、平安時代初期の文献に本社・鹽竈神社が祀る鹽竈神について記されていること、奈良時代からの陸奥国府・多賀城の付近に鹽竈神社が建立されていることから古い歴史が窺われる。そもそも東宮の名は多賀城の「東方の守護神」の意味とする説がある。

東宮明神が建つ明神岬の切り立った崖の下に、紫石と呼ばれる大きな石がある。

古来、集落の人々は、この石には魂が宿っていると信じてきた。その証拠に少しずつ成長しているというのである。

あるとき村の若者たちが悪戯心を起こして石を持ち出そうとした。だが、人目を盗んで舟に引き揚げたところ、にわかに石が重くなり、立ち往生してしまった。おまけに石の表面が赤く染まってきて、まるで血が滲みだしてきたかのように見えた。そこで恐ろしくなって、石に向かって詫びながら元の場所に戻したという。

美咲さんが子どもの頃は、この東宮明神で子どもだけの秘祭が開かれていたそうだ。幼い子たちが伝統的な盛装をして冠を被り、鈴を持って踊る儀式で、親すら見てはいけないと言われていたそうで、動画はおろか写真も公開されていない。美咲さんのご家族が持っていた儀式の直前に撮られた写真を見せてもらったが、金糸で飾られた豪華な白い衣装を着た幼児の行列が写っているばかりで、全容がわからなかった。神官と子どもたちによる神楽であろうか……。

さて、では笠岩堂縁日について——実は、こちらの方が紫石より、家にまつわる奇譚を集めようという本書の趣旨に関わりが深い。

時は十八世紀後半に遡る。当時の修験者は諸国行脚の修行を盛んにした。東宮浜にも出羽三山から明海上人と正海上人という二人の修験者が訪れて、この地で修行を積んでいたが、一七七〇年に明海が、一七七四年に正海が、相次いで亡くなった。

そこで東宮浜の村人たちは二人をねんごろに葬ったわけだが、その際、二人が遺した言いつけを守らなかった。なぜなら明海と正海は揃って「遺体を逆さまにして三方の辻に埋葬するように」と遺言したからである——偉い上人さまを逆さまにして道端に埋めるなどという無体なことが出来るはずがなかった。

しかし、正海上人を葬ってから間もなく熱病が大流行して、集落は全滅の危機に瀕した。そこで祈禱を行ったところ、明海と正海の両上人の遺言を守らないなら皆殺しにするまで、という恐ろしい託宣が下された。

人々は震えあがり、慌てて二人の遺体を掘り起こすと、三方の辻に逆さまに埋め直した。すると、たちどころに熱病の流行が去り、寝込んでいた病人もすみやかに癒えた。

集落では明海と正海を葬った辻に、出羽三山のある西方を望む廟を建てた。つまり当初は墓所だったわけだが、藩政時代に笠岩観世音を本尊とした笠岩権現として神式の宗教施設に格上げされて現在に至る。

しかし幕府や政府の意向とは無関係に、界隈に住む人々は、二人の修験者を逆さまに改葬して流行り病が平癒したときから、この地を無病息災の神さまとして信心してきた。

現在でも、毎年旧暦二月八日の笠松堂の縁日は、たいへん人気がある。

縁日のときに配られる祈禱符を、各家に持ち帰り、門口に貼る習わしになっているのだが、必ず逆さまに貼らねばならないとされているそうだ。

美咲さんの生家の出入口も、逆さに貼った笠松堂のお札に護られていた。

万物流転の世の中だが、なかなか変わらぬ物もある。ヨダレカンカンは毎回このお札を横目に家々を来訪したに違いない。にわか身内の家々にも、「大きな黒い生き物」に怯えながら狂死した青年の家にも、逆さの祈禱符が貼られていたかもしれない。

十九軒

# みょうじごめん

南アルプスに源を持つ富士川は、日本三大急流の一つだそうだ。

静岡県においては古来、暴れ川として知られていた。度重なる氾濫に流域の農民は苦しめられてきたが、江戸時代に大規模な河川工事が行われた結果、現在の富士駅の一帯に五千石の水田を有する平野が拓かれた。

この辺りでは、富士川の恰好も改められた。大規模な堤防が造られ、曲がっていたのが真っ直ぐに造り変えられたのである。

千由美さんの生家は、この江戸時代のインフラ整備以降に興隆した。旧家のうちでは新興の一族だったと言えるだろう。江戸開幕より前から住んでいた住人からは「昔だったら川の中に建っていた家だ」と揶揄されていたという。

高祖父が当主を務めた幕末の頃はたいそうな大地主で、苗字帯刀を許されて小作を多数抱えていた他、土地を貸し、製紙業にも手を広げるといった具合で、非常に豊かだったが、曾祖父がとんだ放蕩息子で財産をあらかた失った。

それからは斜陽の一途。千由美さんの父の代になると、土地はわずか二百坪を残すばかりとなった。

父はそこで建具屋を営み、今から五十年近く前、千由美さんが中一のときに家を建て替えた。彼は地鎮祭の祈禱料を惜しみ、神主を呼ばず、見よう見真似で上棟式を行った。

家族と作業員だけで地鎮祭モドキを行っている最中に、突然、通りすがりの托鉢僧がやってきて、建てかけの家を睨みつけたかと思うと、手を合わせた。

立派なお坊さんならともかく、破れ笠に色が抜けて赤茶けた衣、皺という皺に垢が溜まって異臭を放つ、年老いた怪しい坊主だったから、父は「何をしている」と語気を荒げて詰め寄った。すると坊主が曲がった錫杖（しゃくじょう）を鳴らして曰く、

「この家は、いけません。地鎮祭ぐらい、しなければいけませんよ。ご主人さんは守護が強いから無事で済むかもしれないが、ご家族に災いが降りかかります」

これには父が激怒して「不吉な言葉で脅して恵んでもらおうたあ、太い考えだ」と息巻いて、鴉か野良猫か何かのようにシッシッと追い払った。

すると、新築したこの家で暮らしはじめた途端に、母が倒れた。全身至るところが痛んだり、怠かったりし、指先が爛れて腫れ上がるというわけのわからない症状で、入院して精密

検査を受けた結果、難病の膠原(こうげん)病に罹っていた。

さらに父も健診で糖尿病が発覚した。千由美さんは何ら病気にはならなかったが、縁遠い性質(たち)なのか、さっぱり恋人が出来ない。両親は持病のために我々は長生きが難しいかもしれないからと言って彼女に見合いを勧めたが、それもなかなか成婚に至らなかった。

ようやく二十九歳のとき、三十二歳の会社員を婿養子に迎えたところ、その男が曲者(くせもの)だった。中流家庭の長男で一流企業に勤めているにもかかわらず婿入りしてくれたので、最初は父も母も涙を流さんばかりに喜んでいたのである。しかし蓋を開けてみれば、家にろくすっぽ金を入れずにクラブ通いをした挙句、ホステスと浮気三昧。無礼な振る舞いも目に余り、遂には、親戚の葬儀の折に御斎(おとき)に箸をつけないので「具合でも悪いの?」と訊ねた母に、「こんな死人の肉が入っていそうなもの、気持ち悪くて食べられません」と言い放ったので、実家に出入り禁止となった。

困ったのは千由美さんである。

そのとき、すでに乳呑み児を抱え、お腹に第二子を宿していた。

賃貸マンションに移ったものの、夫は家賃を寄越さない。実家の助けも借りられなくなり、ミルク代にも事欠いた。

令和の今なら、即、離婚であろうか。しかし昭和のその頃はまだ、耐える妻が多かった。結婚と同時に寿退社して専業主婦になる女が大多数という時代で、千由美さんも例外ではなく、それまで家事と育児に専念していた。だが、そうも言っていられず子ども共々生きていくために、彼女は富士山麓のゴルフ場でキャディーとして働きはじめた。

それでも暮らし向きは苦しくなるばかり。子どもは息子と娘で年子である。二人揃って高校に進学する見込みになり、彼女は生活のために借金しようとした。すると銀行から実家に照会連絡が届いた。これで父の堪忍袋の緒が切れた。

両親が夫の養子縁組を解消し、離婚が決まったとき、千由美さんの子どもは二人とも高校生になっていた。

実家に戻ることも考えたが、実家から子どもたちの高校までが遠く、通学に便利なところに住まいを借りたいと思っていた矢先、職場のゴルフ場の行き帰りに見かけて気になっていた県営住宅の建物が頭に浮かんだ。

ふつうのマンション型の集合住宅なのだが、初めて目にしたときから、なぜか特別に好ましく感じていた。……そう、たしかに築年数が浅くて全体に清潔感があった。

だが、そんな物件は他にもたくさんある。

彼女は、前々から、その建物には他とは違う魅力があると感じていた。理由を説明することは出来ないが、少し光り輝いているように見えたものだ。何ら変哲ないビルなのに。

——いつかここに住むことになるのではないかしら。

以前、漠然とそう思ったこともあった。しかし、そのときはまだ離婚もしておらず、家庭に金を入れずとも夫の所得は高かった。

　その県営住宅に入居するには、世帯収入が一定額を下回る必要がある。今なら、この条件はクリアしている。夫は養育費を払う気配もなかったから。

　空室があるかどうか調べてみると、果たして一室だけ空いており、静岡県住宅供給公社が入居者を募集していた。応募者は、最終的に抽選で選ばれるとのこと。

　試しに応募してみた結果、五倍の倍率に打ち克って入居できることになった。


　引っ越した翌日、隣の部屋に挨拶に行って自己紹介した途端「あら、偶然」と目を丸くして驚かれた。なんだろうと思っていたら、先日までここに住んでいた人も同じ苗字だったとのこと。

「そんなにありふれた苗字じゃないのに、ここには他にも同じ苗字の方が二、三人いらっしゃるみたい。不思議ですね」

　そう言われたが、そのときはあまり気に留めなかった。

　――ちなみに、《名字由来ｎｅｔ》や《同姓同名探しと名前ランキング》といった名前検索エンジンで彼女の苗字を調べてみたところ、全国では四十位前後、静岡県では二十位前後で、珍しいとまでは言えないがあまりポピュラーではなく、隣人氏に同感だ。

　静岡県の特徴としては、全国一位の佐藤姓が六位で、全国では八十位前後の杉山姓が五位に入っていることだろう。静岡で最も多い鈴木姓は全国でも二位である。

さて、話を千由美さんの日常に戻すとしよう。

隣人たちと親しくなるに従い、ここには幽霊が出るという噂が彼女と子どもたちの耳に届いた。息子や娘も近所でそんな話を聞いてきて、「この部屋も空気を重く感じるときがある」とか「リビングダイニングの出入口の辺りが妙に薄暗い」とか言いだしたので、迷惑な噂を立てるものだ、と、彼女は苛立たしく思っていた。

「県営住宅だもの、これまでの住人の中には部屋で亡くなったご老人もいるでしょう」

そんなふうに子どもたちを諭して、何も気にしていなかったのだが、入居から一年あまり経った初夏のある日、朝起きて、ふと自分の脚に目をやってギョッとした。

十年以上もキャディーをして、芝生を駆け回って鍛え上げられた頑丈な脚だ。

その左右の、足首から膝の辺りまで、葡萄色の横縞がびっしり捺されていたのである。

触っても色が着かず、明らかに内出血の痣（あざ）のようだが、強く押しても痛くない。

あまりの不思議さに怖いとも思わず、じっくり観察してみると、脹脛の後ろ側まで縞模様が続いていて、指や掌の見分けがついてきた。どうやら人の手の跡のようだ。

自分でやった覚えはなかった。念のために両手を痣に当ててみると、やはり手の向きが合わない。足首から膝の方へ、後ろ側から摑みながら少しずつ攀（よ）じ登った跡のようだ。

——床から両手を突き出して、両脚を摑んで這い上がってきた者がいる。

その想像のおぞましさ。さすがに背筋がチリチリと凍る心地がしたが、悪夢にうなされたわけではないし、痛くも痒くもない。急いで三人分の弁当と朝食を作り、今日も仕事に行かねばならないと思えば、自分の脛がどうだろうと知ったことではなく、気を取り直して蒲団から起きた。

痣は自然に薄くなっていった。内緒にすることでもないので、色や形がはっきりしているうちは子どもたちや同僚に見せて、みんなの反応を愉しんだ。

やがて跡形もなく治った頃に、長年、膠原病と戦ってきた母が七十八で力尽きて旅立った。すると後を追うように父も亡くなり、家と土地を相続することになった。

大地主だった先祖。その遺産の最後のひとかけらを売り払い、市の中心街にマンションの一室を買って、家族で県営住宅から引っ越した。

しばらくして、ほんの思いつきで元の県営住宅まで一人で散歩した。そばまで行って建物を眺めていると、顔見知りの住人が出てきて立ち話をする流れとなった。

「もう次の方が入居されたようですね」と彼女は言った。「窓にカーテンが掛かっているので、わかりました。退去から二ヶ月も経たないのに。早いですね!」

「ええ、あっという間……。あっ、そうそう。あなたと同じ苗字なんですよ、その人」

「そうなんですか? 私たちの前に住んでいた方も、この苗字だったそうですよ」

――偶然が過ぎる。まるで同じ苗字の者が呼ばれているかのようだ。

不思議に感じ、実家にあった古い登記簿を調べ、地元の民俗資料館や図書館にある古地図と情報を照らし合わせてみた。

その結果、県営住宅の辺りも先祖の土地だったことが明らかになったという。

いつかの脛の痣は、両親が相次いで亡くなる直前に出来た。そのことを苗字の件と考えあわせると、祖霊か土地神が、よそへ行かせまいとしてしがみついた痕のような気がしたと彼女は言う。

――かつて富士川沿いで隆盛を誇った地主が、今も土地の継承者を探しているかのような話である。江戸の昔、庶民は苗字御免の許しがなければ名字を名乗れなかったので、それだけ誇りに思っていたということだろうか。

## 二十軒

# さそいみず

圭子さんが三年前まで住んでいた家は、地獄谷の跡地に建っていた。

地獄谷というのは、花街を暗喩する神戸特有の古い言い回しで、「堕ちたが最後、這い上がれない」という寓意が籠められているという。花街といってもいろいろだが、そこは昭和初期に新興した遊郭地で、戦後はいわゆる青線地帯となった場所であった。

遊郭跡には人の怨念が染み込んでいるような気がする——こう言って忌み地扱いする向きがある。ましてや五十年代の終わり頃まで営業していたとあっては、まだ地元の年寄りがその地の来歴を生々しく憶えている。だから、そこは長らく空き地になっていた。

なぜそんな所にと圭子さんに問うたところ、夫の養父母が持っていた土地だったからとしか答えられないと言われた。養父が亡くなり、夫が、寡婦になった養母と一緒に住むために家を建てたがったとき、他に適当な土地がなかったのだという。

圭子さんと夫は、現在、共に六十代後半で、彼女が高一、夫が高二のときに、兵庫県内の高校が合同開催した美術展を通じて知り合った。

二人は偶然、同じ苗字だった。しかも、どちらも肉親との縁が薄く、養父母に育てられたとわかり、お互いに運命を感じて、出逢いから間もなく将来を誓い合った。

圭子さんが二十一歳のときに結婚したが、その後も、運命の赤い糸に導かれている気がする出来事が起きた――長女が生まれる前日に圭子さんの養父が逝き、次女が生まれたときこそ何事も起きなかったが、夫の養父が永眠したのは長男が生まれる直前だったのだ。

夫の養父が遺した土地に家を建てて六人で住みはじめたのは、末っ子の長男が一歳と数ヶ月の頃だった。そのとき圭子さんは二十九歳。八十年代半ばのことである。

圭子さんたち夫婦が建てた家は、ビルトイン・ガレージ式の三階建てで、一階が駐車場になっていた。六つのベッドルーム、リビングルームとダイニングキッチン、仏間兼ゲストルームを備えた、全室フローリング仕様のモダンな住宅だ。

入居してすぐに気づいたのは、異様なまでの陽当たりの悪さ。周囲に雑居ビルやマンションが多い地域だから、というだけでは説明がつかないほど、どの部屋も採光が悪く、廊下や階段などは、日中でも電気を点けなければ足もとが見えなかった。

最も薄暗いのが三階にある南向きの部屋というのも、不思議なことだった。初めて足を踏み入れたときは北と南を取り違えたのかと思ったほど、晴天の真昼間でも夕暮れ刻のようなのだ。そこは当時七歳の長女の部屋になった。

引っ越してきて間もなく、午前零時頃に、長女が圭子さんのベッドに潜り込んできた。

「怖い夢を見た」と言うのでベッドに入れてやると、たちまちスヤスヤと眠り込む。

疲れているのだろう。引っ越しや転校で子どもなりに神経をすり減らしているに違いない。かわいそうに。でも、そのうち平気になるだろう、と、そのときは思った。

――ところが連日、起きてくる。

三晩も続き、四日目には、あまり甘えさせてもいけないと考え、手を繋いで部屋に連れ戻した。すると長女は顔色を失って腕にすがりつき、

「そっから」と壁を指差し、「黒い煙がモクモク湧いてきて、そん中から鎧を着けたお侍さんが出てくんねんで」と彼女に訴えた。必死の形相である。

「そないな夢を見たんやろ?」と、なだめようとすると、激しく首を振って否定した。

「ちゃう!　本当やで!　それに、煙が出てくる前に体が全然動かせんくなるんや!」

金縛りというものだろうか。なったことはないが物の話には聞いたことがあった。成長期の子どもに多いらしい。脳は目覚めているのに体は眠っている状態だとか……。

医学的に説明がついたとしても、なった本人は怖くてたまらないだろう。

圭子さんは「眠るまで部屋に居てあげる」と約束した。

本を読んでやったり、赤ん坊にするように添い寝したりして、小一時間も掛けてようやく長女を寝かしつけた。それから自分の寝室に戻ろうとすると、階段の下が明るんでいることに気がついた。

電気を消し忘れたのだろうか。二階へ下りてみたら、廊下とリビングルームに明かりが点いていた。リビングルームの床に、次女のぬいぐるみが落ちている。

ぬいぐるみを拾おうとしたとき、室内のどこかで窓が閉まった。……いや、窓枠が戸袋にピシャンと叩きつけられる音がしたから、てっきりそうだと思ったのだが。

見れば、窓辺には誰もいなかった。夫は会社で残業している。掛け時計の針は午前一時を指していた。この時刻に起きているなら夫の養母の他は考えられない。

「おかあさん？」と呼びかけながらベランダのカーテンを捲ってみたが、暗い窓ガラスに自分の顔が映るばかり。

うなじの毛がチリチリと逆立ってきて、手足の先が冷たくなった。

ぬいぐるみを持って電気を消すと、急いでリビングルームを出た。そのとき足もとの床を伝って微かに車のエンジンの音が聞こえてきた。夫が帰宅したのだ。

涙が出るほど安堵して、いそいそとぬいぐるみを持ったまま玄関へ行き、「おかえりなさい」と出迎えた。

すると不機嫌な顔で「ガレージに水を撒いた？」と訊かれた。

「いいえ」と答えると、「じゃあ、おかあさんかな。床が水浸しやった」と言う。

その夜は次女の部屋にぬいぐるみを戻して、すぐに夫と寝てしまった。

翌朝、夫の養母にガレージの件を確かめたところ、養母は「ガレージ？」と首を傾げて、「それよりも、水といえば、うちの部屋で誰ぞコップの水をこぼしたんちゃう？」と圭子さんに訊ねた。養母によれば、フローリングの床の真ん中に直径二十センチぐらいの水溜まりがあったというのである。「寝る前に気がついてんで。誰ぞお漏らししたのかと思った。せやけどオシッコ臭くないし。水やと思うけど、圭子さんがやったんとちゃうん？」

——しかし子どもが三人もいれば、罪のない悪戯や小さな失敗は日常茶飯事だ。養母や夫も深く追求することはなく、この件はやがて忘れられていった。

だが、それからも時折、出所不明の水が家の各所に現れ、この現象は長年にわたって一家を悩ませることになったのである。

当然、何度も漏水や雨漏りの可能性を疑ったが、念入りに点検しても原因は突き止められず、また、絶対にあり得ない場所が水浸しになるときがあって、だんだんと、超常的な現象が起きているのだと、家族全員が暗黙の裡に認めるようになった。

あるときなどは、三階のウォークイン・クローゼットで、箪笥の中身だけがグッショリと濡れていたものだ。十月に入り、秋冬物の服を取りにいったら、その箪笥の一番下の段に入れておいたベストやセーターが繊維の芯まで濡れそぼっていたのだが、他の段は濡れておらず、床にも水が滲み出していないという、この不思議さ……。

長女も、その後も度々、自分の部屋で怪異に遭った。彼女は成長するに従って、幼い頃から何度も目撃している存在を「お侍さん」ではなく、「落ち武者」と呼びはじめた。

「いっつも同じ落ち武者が現れんねんで。この家の辺りに古戦場があったのかな?」

「源平合戦やろか……。特にこの辺が古戦場やったとは聞いたことないなぁ」

正体はわからないが、長女は、鎧を身に着けた、髭だらけの顔で蓬髪の、典型的な落ち武者の幽霊だと説明していた。

やがて長男が、小二のとき学校の作文に、この幽霊のことを書いた。

圭子さんは三者面談の折に担任教師に作文を見せられて、「これは本当のことでしょうか?」と訊かれ、ひどく答えに窮したという。

《先生、あのね、こないだボクんちでバースデーやって、ケーキやらたべたあとでAくんとBちゃんとCくんとDちゃんとカクレンボしました。そのときボクはあねきのへやに行ってベッドの下にかくれました。そしたらな、本だなのよこのかべからデッカイけむりがモクモクモクモク出てきてん。それでな、けむりん中からオチムシャがあらわれてジッとボクをにらんだから、ウワーッて言うてろうかにとび出したら、あねきが来て、あのオバケはオチムシャていうんだよておしえてくれました。ボクはメッチャこわかったです》

月日が流れ、子どもたちは三人ともすくすくと育って、長女から順に巣立っていった。

夫の養母は、長男が大学に進学した頃に肺癌で亡くなった。

最期の入院をする少し前、慌てたようすで、部屋に水が溢れていると言って呼びにきたことがあった。駆けつけてみれば、部屋の四角（よすみ）の一つから水が勢いよく噴き出していた。

タオルで塞いで応急措置をした後、業者を呼んで調べさせたが、いつもの如く原因不明だった。幸い水はすぐに止まり、養母の没後は、再び水が湧くこともなかった。

その部屋に、圭子さんは自分の養母を呼び寄せた。長年独り暮らしをしてきた育ての母にも死期が迫っていることがわかっていた。すでに八十代で病気がちだったので……。

同居から三年後、こちらの養母も鬼籍に入った。ちょうど九月の秋彼岸の中日、秋分の日のことで、それから秋分の日には必ず養母の好物だったちらし寿司を仏壇に供える習慣となった――このとき仏壇に手を合わせると、毎回、ちらし寿司の酢飯の匂いを乗り越えて、養母が愛用していたヘアクリームの香りが漂うのだという。

世話をしてあげる者がいなくなると、圭子さんは寂しさを紛らわすために、自宅に近所の主婦仲間を招くようになった。いつも五、六人でお茶や軽い食事をして歓談していたのだが、あるとき仲間の一人から、まつ毛パーマの施術師を紹介された。

この施術師が霊感の持ち主だった。出張コースでまつ毛パーマを施してくれるというので何度か家に来てもらっていたが、気心が知れてくると、「この家には遊女の怨みが残留思念となって残っています」などと言いだしたのである。

　これだけなら驚くには当たらなかった。ここが昔、遊郭があった辺りだということは調べればすぐわかることだからだ。しかし、次の一言には、思わず変な声が出た。

「このうちには落ち武者も憑いていますね」

　古戦場として知られている場所ではない。にもかかわらず、子どもたちは何度も落ち武者の霊に遭遇してきた。それを言い当てられたのである。

　そこで、今までにこの家で起きてきた奇妙な現象について、すべて打ち明けてみた。

　圭子さんの話を聞くと「水に関わる霊障が多いようですね」と、その人は述べた。

「水の底に繋ぎ留められて死んだ人がいませんか？　ご先祖か、ご親戚に？」

　そう訊ねられて、真っ先に彼女が想い起こしたのは、養母の兄で天文家の岡林滋樹という人だった。日本初の世界的コメットハンターで、数々の彗星を発見したが、一九四五年に京都大学の嘱託でスマトラ島の地質調査をした帰航の途で、乗っていた阿波丸が米軍に撃沈されて亡くなったという傑物である。養母の自慢の兄であり、少女の頃から話をよく聞かされてきたので、きっとそうだと思ったのだが。

「違いますね。岡林先生は成仏されています」と言われてしまった。「此の世にやり残したことが多く、死にたくない死にたくないと足掻きながら亡くなった方ですよ」

——足掻くという言葉を聞いてピンと来た。少女の頃の記憶が蘇ったのだ。

「思い出しました。たぶん私より一、二歳年下の従弟です。養母の姉の息子で、中学校の水泳授業のときに、プールで溺死したんです」

これを聞くと、施術師は、自分の師匠に相談することを圭子さんに強く勧めた。

高野山で修行した女性で、霊障を祓ってくれるかもしれないというので、施術師から教えられた電話番号に電話を掛けて日時を打ち合わせた上で、さっそく会いに行ってみた。

高野山と聞いたので尼さんを想像していたが、実際には、市内で整体整骨院を経営しているとのことで、職場近くの自宅マンションで出迎えてくれた。

ごくふつうの、親しみやすい雰囲気の人だ。ただし、口を開くと不気味なことを言った。

「あなたから電話を貰った直後にうちに予約を入れた中学生の男の子が特別に勘の鋭い性質で、その夜、全身びしょ濡れの男の子を見てしまったそうですよ。自宅のトイレの隅に、裸にスクール水着という恰好で体育坐りしていて、驚いて見ているうちに、グルグルッと全身が捻じれて、あっという間に渦巻きのようになって消えてしまったと言っていました」

従弟の死に方まで話した覚えがなかったので、圭子さんは鳥肌が立つほど戦慄を覚えた。

「その子は死んだ従弟です。プールの排水口に吸い込まれて亡くなったんです。でも、なぜ、私の家に祟っているのでしょうか」

——これは先日来、心の底から疑問に思っていたことだった。従弟とは子どもの頃に何度か遊んだことがある程度で、特に親しかったわけではなかった。他県に住んでいて血も繋がっていないのだから。

家に不思議な水をもたらしているのが彼だとして、ではなぜ、亡くなってから十数年経って霊障を起こしはじめたのか。

「家が建っている土地に、大本の原因があります。地獄谷の女たちの怨念が誘い水となって、あなたの遠い祖先である合戦で死んだ武士の霊や、亡くなった従弟さんの霊を吸い寄せているのでしょう。毎日、地元で信任の厚い歴史ある神社に参詣して、仏壇にも手を合わせ、亡くなった皆さんの御霊の安らかなることをお祈りしてください」

この説明を聞いて圭子さんは大いに得心が行ったが、帰ろうとすると「あと、もう一つ」と引き留められた。

「従弟さんは、今、あなたの左隣に居て、お母さんを恋しがっています。この子の母親はお亡くなりで……浴衣を着ていらっしゃる。白髪交じりの長い髪を真ん中で分けて三つ編みにしている、とても痩せた方です。老衰で、眠るように亡くなられましたね」

途中から、養母の姉のことを言っているのだとわかった。それも、おそらく晩年の。

葬式の折には、ドレス姿で美しく髪を整えられて、棺に横たえられていたものだが……。

戸惑っていたところ、「ここに居ますよ」と、左横の空間を撫でられた。彼女の肩ぐらいの背丈の子どもが、目に映っているかのような仕草だった。

そして、「お母さんのそばがいいのね。大丈夫。逝ける。さあ、逝くよ」と言うや否や、撫でていた手を鞭のようにしならせて空気を打った。

その瞬間、背中を叩かれた少年の姿が見えたような気がし、鼓を打つような神秘的な音が聞こえた。

「これで本当に逝きました。もう、あの子が迷い出てくることはありません」

半信半疑だったが、辞去した後で、養母の姉を看取った親戚に電話して、亡くなる前のようすを訊ねてみたら、「最後の三、四年は病がちで、美容院にも行けず、伸ばし放題になった髪を二本の三つ編みにして、いつも浴衣を着ていた」と、先刻、霊視された姿と同じように言い表されたので深く畏れを抱き、教えを守ることにした。

日々欠かさず神社に詣で、仏壇を拝み、そのお蔭か、それからは平穏無事に過ごしてきた。しかし、やがて家が老朽化してきたので、家族で相談して、家を潰してマンションを建てることにした。

——このようにして、圭子さんたちの家は最期を迎えた。解体前に、何年もクローゼットに仕舞い込んでいたパイプ椅子を夫と協力し合って分解したとき、パイプの繋ぎ目から大量の水が溢れだしてきたことは、三年経った今でも忘れられないとのこと。

誰も泳がなくなったお彼岸の頃のプールのように、藻に染まった緑の水だったという。

# 二十一軒

# とらわれて

現在四十四歳の結子さんの住まいは、北海道の中でも雪深い地方にある。

そこは、十一、二年前、義父に強いて勧められて住むようになった屋敷だ。夫の生家から比較的近く、建坪だけで二百坪もある豪勢な物件の割に安かったから、義父だけでなく義母や夫も前のめりになって、ここに決めてしまった。

新婚でもあり、金主が義父では彼女の言い分が通るはずもなかった。

彼女は、最初からその家が気に入らなかった。丘の麓にポツンと建つ一軒家で、隣近所の助けを借りられなさそうであったし、それにまた備え付けられたインフラが時代遅れだったからだ。トイレは汲み取り式で、浄化槽は古く、電化以前に設けられた旧式のセントラルヒーティングは、冬になればどれほど灯油を喰うか想像がつかなかった。

リフォームも必要だった。その時点で築三十五年あまり経っていたのである。元の家主は、義父の友人の知り合いで実業家だったとしか聞かされていなかった。ならば六、七十代だろうが、歳を取ってきて掃除が面倒になったのではあるまいか、と、彼女は思わずにいられなかった。

それというのも、一階だけでダイニングキッチンやバストイレ、リビングルーム以外に、広い個室が三部屋もあったのだ。二階にも複数の寝室や子ども部屋だったと思しき部屋、予備のシャワールームとトイレなどがあり、すべてを清潔に保つのは容易ではないことが予想された。……そもそも身の丈に合わない。

こんなのは、第一子をこれから生もうという新婚夫婦の住居ではない。

「案ずるより産むが易しさ」と義父や夫は口を揃えたが、実際ここで暮らしはじめると、逆に、気に入らない点がさらに追加された。

門から屋敷まで数十メートル離れていることに、遅まきながら思い至ったのである。汲み取り式や未電化、広すぎるといった、わかりやすい点に気を取られていたが、これは深刻かつ大きな問題だった。

冬になったら、門と玄関を繋ぐ小径を、誰かが雪掻きしなければならないではないか。

元の家主は地元の人間ではなかったのだろう。そもそも、内見に立ち会った不動産屋のスタッフによれば、昔、ここにはガス水道の類は一切引かれておらず、牧草地か何かだったのだという。一体なぜ、こんなところに、これほど立派な家を建てたのか疑問だった。

――その答えは、しばらくすると、おぼろげながら浮かび上がってきた。

家の裏庭から土地がせり上がって小高い丘になっているのだが、二百メートルほど坂道を上ったところに、規模の大きな仏教系の宗教施設があったのだ。

このことから、これを建てた実業家とやらは、ここの熱心な信者か教団幹部だったのではないか、と、もちろん憶測に過ぎないわけだが、自ずと思われてきたのである。

最初の一、二年は無我夢中のうちに過ぎていった。入居したときには妊娠していたので、日増しに大きくなるお腹を抱えながら、広すぎる家をなんとか住み心地良く整えようと奮闘していたところ、やがて出産して、赤ん坊の世話ものしかかってきたのだ。

赤ん坊は男の子だったが、やや早産で真冬に生まれたせいか、頻繁に風邪を引いて熱を出した。そのため夜泣きがひどく、お乳の吸いつきも悪くて、たいへん手が掛かった。

そこで仕方なく復職を断念して専業主婦になると、近くに人家の無い環境が、ことさらに辛く感じられてきた。まるで世間から置いてきぼりにされたような……。

環境の変化についていけず、気づけば夫以外に会話の相手もなくなっており、この一年あまりで孤独に突き落とされてしまった。そのため想像力が豊かになりすぎるきらいがあり、この頃、息子と留守番していると、よく二階から人の足音が聞こえてきた。

神経が過敏になっているせいで、ありもしない音が聞こえるような気がするだけだと思おうと努めたが、居眠りする度に何かに追われる悪夢にうなされもして、次第に精神が追い詰められていった。

夫の帰りが遅くなった雪の日に、小径に走り出て大声で叫んでみたこともあった。

見渡す限りの雪景色は美しい白銀の牢獄で、わけがわからないうちに囚われてしまったのだと思い、熱く凍える涙が止まらなかった。

そんなふうに心細さに耐えていた矢先、学生時代の知り合いからメールを貰った。

ここ数年、疎遠にしていたのにどんな風の吹き回しかと訝しく思いつつ、自分に関心を持ってくれたことが嬉しく、また、その人が同い年の女だったものだから気易く感じもして、返信で近況を伝えた。するとすぐに、自分は看護師をしているから家族の健康について心配事があれば相談に乗れるかもしれない、という返事が届いた。

毎日のように電話で会話するようになるまで、ひと月も掛からなかった。

この友人は結子さんに対して聞き役に徹することが多く、実際には、これといって具体的な助言をしてくれるわけでもなかったのだが、愚痴を聞いてもらえるだけでも救われる心地がしたものだ。

そんなある日、友人が「凄いことに気がついたのよ」と珍しく興奮した口ぶりで言った。

「ついさっき知ったんだけど、あなたの家の近くに私が信心している宗教のお寺があるのね！　実はその宗教に入信して長いの。信仰を持つようになって、私だけじゃなくて家族まで、あらゆる悩み事から解放されたわ。大切なお友だちであるあなたが、あのお寺のそばに住んでいたなんて、きっとお導きがあったのね！　あなたは好運よ！」

――当時の結子さんがその言葉にすがりついてしまったことを、誰が責められようか。

彼女は信者になり、丘の上の寺院に赤ん坊連れで通いはじめた。

夫は順調に出世して、それに伴い残業や出張も増えた。

一方、結子さんは、一向に息子の体が丈夫にならず、保育園に預けられないことから神経過敏の傾向が強まった。不眠症になり、授乳期間が終わると同時に、病院の心療内科で処方してもらった睡眠薬を常用しはじめた。

――睡眠薬についても、丘の寺を信心していることについても、夫に打ち明けそびれていた。息子が三歳になる頃には、さらに秘密が増えた。

この屋敷に幽霊が出没しはじめたのである。

初めてそれが現れたのは雪の夜だった。夜の七時頃、リビングルームで絵本を読んであげていたら、息子が突然、一方を指差して「誰、あの人？」と彼女に訊ねた。

そちらの方には、本来、四枚引きの引き戸で仕切られた部屋があった。奥の壁面が重厚な扉付きの書架になっているところを見ると、元は書斎として設計されたのかもしれない。

彼女は引き戸をすべて外してリビングと一間続きのようにし、子ども用のベッドやおもちゃを置いていた。後ろの書架とミスマッチではあるが、シーリングライトに照らされた中に、子どもらしい彩りの小箪笥やカーペット、ぬいぐるみや絵本などが配置され、それなりに可愛らしい空間に仕上がっている。

「誰もいないよ」と彼女が答えると、息子は悲鳴のような声で「いる！」と言った。

「あそこに、おじさんとおばさんがいるよ！」

息子が指し示す先には、書架の扉があるばかりだった。

関心を惹くために嘘を吐く性質の幼児もいるが、母子で密着してきたせいで、息子はかえって彼女の目を逃れたがる傾向があった。

言われてみれば、その辺りだけ変に薄暗く感じる。「気のせいだよ」と彼女はそこから目を逸らして息子に言った。「そろそろベッドに入ろう。一緒に寝てあげるから。ね？」


その後間もなく、息子の三歳の誕生日に合わせて、夫の妹が当時小一の娘を連れて結子さんの屋敷を訪れた。学校の冬休みを利用して、泊まりがけで遊びに来てくれたのである。

久しぶりに楽しい時間を過ごしたが、義妹が帰ってから電話を掛けてきて、

「ねえ、うちの子が、そっちの家で幽霊に遭ったと言うんだけど、本当なの？」と言った。

「まさか。そんなわけないでしょう」と彼女は、髪の根が逆立つ思いを堪えながら、あえて明るく応えた。

「でも、子どもたちは何度も見てしまったみたい。一階の本棚の前にいるんだって。おじさんとおばさんだったと言って、姿形をやけに具体的に説明するから、気味が悪くて」

「そんなの簡単に信じちゃダメでしょう。いるわけがないんだから」

しかし夏休みに再び義妹親子が来たところ、姪がクレヨンで白髪の男女の絵を描いた。男はオレンジ色の開襟シャツを、女は紫色のワンピースを着ており、姪によれば「二人とも、うちのパパやママより背が低い」とのことだった。

「こういう人たちだよ」と息子も、その絵を指して言った。

――義妹は「暗くなる前に失礼するわ」と、姪を連れて早々に立ち去り、寂しさからグズる息子を寝かしつけた後、二階から誰かが歩きまわるような音が聞こえてきた。

息子が赤ん坊の頃には、この足音がよく聞こえてきたものだ。いつの間にか気にならなくなり、それは信仰のお蔭だと思っていたのだが。

――彼女は、丘の上の寺院で習い覚えた祈禱文を唱えた。

真剣に、心を籠めて祈りを捧げた。しかし二階の足音は止まなかった。

歩きまわる者たちがいる二階では睡眠薬の力を借りても眠れず、この後、彼女は夫婦の寝室を一階に移した。夫には適当な言い訳をして、二階は物置代わりにし、ほとんど足を踏み入れなくなった。

やがて息子は幼稚園に入園した。

結子さんは車を運転して送迎するのが平日の日課となり、自ずと幼稚園の保護者たちと交友関係も生まれ、行動半径が少し広がった。

平穏な日々が過ぎていった――十二月中旬の、その日までは。

それは、息子が幼稚園の友だちの家にお呼ばれした帰り道のことだった。冬の北海道は日の入りが早く、午後四時頃には真っ暗に暮れてしまう。

明るいうちに……と思って三時に出てきたのに、出発して間もなく、辺りが黄昏てきた。

雪道である。彼女は時速二十キロ代で安全運転を心がけた。

「お母さん」と助手席から息子が声を掛けてきた。

「なあに?」

「後ろの席に真っ黒な人が座っているよ」

「えっ?」

ルームミラーを覗き込もうとした瞬間、フッと黒い幕が下りてきて五感を遮断されたように感じた。

気づくと背もたれにぐったりともたれ、息子が「お母さん、お母さん」と肩にしがみついて泣きべそを掻いていた。

「……あら? 何があったのかしら」

「お母さん、眠っていたよ」

「そんな」はずないじゃない、と言おうとしたが、外の景色が目に入って絶句した。

フロントガラスが白一色に塗りつぶされていた。息子の言葉を裏付けるように、彼女の車は、路肩の雪だまりに鼻先を突っ込んで停まっていたのだ。

エンストしている。が、時計を確認すると、意識を失っていたのは、ほんの二、三分だった。幸いすぐにエンジンが掛かり、大いに安堵しながら、慎重に車道に戻った。

――原因はわからないが、運転中に気を失ったのは明らかだ。

家の車庫で車を降りたときも、眩暈を覚えて軽くふらついた。

貧血を起こしたのだろうと思い、リビングルームのソファに横になって体を休めていたところ、二時間ほど経って門のインターフォンが鳴らされた。

モニターを確かめると、険しい顔をした警察官が二人、映っていた。

「〇〇署の者です。開けてください。今日××町で当て逃げしましたね？」

驚いて警官を家に招じ入れ、話を聞いてみると、午後三時半頃、××町で彼女がふらつき運転をして対向車に接触する事故を起こした上、事故現場から逃走した――と、事故の相手が主張しているということだった。

「右のバンパーからフロントフェンダーに掛けてかすめるようにぶつかった後、奥さんの車は雪だまりに突っ込んで停まり、相手の方が降りて見にいくと、奥さんは気絶していたそうです。そこで、助手席にいた坊やに『助けを呼んでくる』と言って、現場から百メートル離れたドラッグストアに行ったというのですが……。坊やは憶えているかな？」

息子は不安げに彼女の後ろにくっついて立ち、警官の話を一緒に聞いていた。急に水を向けられて目をまん丸に見開いたが、「うん。憶えてる」と、はっきりした声で答えた。

「知らないおじさんが、お母さんが病気だから救急車を呼ばないといけないって。それと、デンパが無いからって言って、どっかに行っちゃった」

「そうだね。事故現場の辺りは電波状況が悪いんですよ。その方はドラッグストアから警察に通報した後、車で現場に戻ったんです。我々は手配した救急車と急行したんですが、着いたときには奥さんたちは車もろとも消えていたわけです」

事故の相手が車のナンバーを控えていたので、すぐに所在を突き止められたのだという。

事故の記憶はなかったが、警官たちと一緒に車庫に行って、念入りに車体を調べてみたところ、バンパーとフェンダーに、わずかな凹みと塗装が擦れた傷があった。

「向こうの車には、ほとんど疵がついていないんですよ」と警官は頭を掻いた。

「あちらは鞭打ち症になったかもしれないから、病院に行って検査すると言っていましたが、奥さんの方が具合が悪そうです。顔色が真っ青だ。車の運転は止した方がいいんじゃありませんか？」

——結局、この事故の結果、結子さんは運転免許証を失った。

行政処分は三十日の免許停止および罰金で、事故の相手方とは示談が成立したが、夫が免許を返納しなければ離婚すると彼女に迫ったのである。

初めは彼女を案じていたのだが……。運転中に気を失ったと思しき状況から脳の異常を疑い、脳の精密検査を含め念入りに健康診断を受けさせた。その結果、脳に異常な点は見つからなかったものの、睡眠薬を常用していたことが、彼の知るところとなってしまった。

夫は激昂し、「息子を殺す気か」と彼女を責め立てた。

そこで、抗しきれずに免許証を自主返納したわけだが、これには深い絶望を感じずにはいられなかったという。

屋敷の立地に問題があった。

幼稚園の送り迎えには園の送迎バスを利用すればいいとしても、徒歩なら小学校まで片道四十分、食料品を売っているスーパーマーケットなどまでは片道一時間半を要する。息子が友だちと家を行き来するにも、公園に連れて行くにも、車が無ければどうにもならない。

翼をもがれたも同然になり、意気消沈しているところへ、彼女を丘の寺の宗教に勧誘した友人から電話が掛かってきた。

彼女は、この友人には睡眠薬の件を告白していたことを思い起こした。幽霊についても話していた。夫やママ友には受け容れてもらえまいと思うことなのに、同じ信仰を持つこの人にだけは正直に話せる。唯一の気を許せる友だと実感するや安堵の涙が溢れ出て、感情が高ぶるのにまかせて、事故からこの方のことを全部ぶちまけた。

「そういう災難は、すべて先祖の因縁のせいで起きているのよ。先祖を大切にお祀りすれば幸せになれるから、一緒にお寺へ行きましょう」

その際、銀行のカードと通帳、印鑑を持ってくるように言われ、疑いもせずに寺に持参したところ、あれよあれよという間に催眠術にでも掛けられたような心地になり、件の友人に付き添われて銀行へ行くと、ほぼ全額を引き出して、寺へ取って返して寄進してしまった。

しかし、その後、事態が一向に好転しないばかりか、その友人と急に連絡が取れなくなってしまったのである。

独身時代に蓄えた彼女自身の貯金は、これで底をついた。

夫の収入だけが頼りだ。もう免許証も無い。息子は、なかなか体が丈夫にならない。

彼女も不眠症だが、息子も幼い子どもなのに眠りが浅かった。

息子は「眠ろうとするたびに、怖い顔をした白髪のおじさんとおばさんが夢に出てきて、目が覚めちゃうんだ」と何度か彼女に話していた。

こういう霊的な悩み事を誰かに相談しようにも、例の友人は雲隠れしている。

丘の寺を信心したが、好いことは一つもなかった。

彼女は貯金を寺に納めてしまったことを後悔しはじめた。

折しも正月であった。道内に住んでいる実の妹が新年の挨拶に来たので、思い切って悩みの一端――息子が虚弱なこと、事故が原因で免許証を失ったこと――を話してみた。

妹は「この家に住むようになって歯車が狂ってしまったような気がしない？」と言った。

「あの子が病気がちなのが家のせいだと思うの？　シックハウス症候群とか……」

「違う違う。そうじゃなくて、この家がお姉ちゃんを外に出すまいとしているみたいに感じるんだよね。子どもがしょっちゅう風邪をこじらせて熱を出していたら出掛けづらいでしょう？　車の運転が出来なくなったのも同じことよ。私の友だちで家を霊視して浄霊できる人がいるんだけど、試してみる？　ガソリン代だけ払ってあげれば大丈夫だよ」

妹によれば、その人物は霊能力を道具にしておらず、純粋な善意のみで、何か機会があれば自身の力を活かしているのだという。

そこで妹の立ち会いのもとで家を霊視してもらったところ、「この近くに新興宗教の施設がありますね？」と問われた。

「あの宗教団体に巣くう悪い意志が、霊道を通じてこの家を支配しています。あなたが今の信仰を捨てれば、私が心の中で念じるだけで霊道を断ち切れますが、どうしますか？」

妹も驚いていた。結子さんは彼女を宗教に勧誘した元友人の他には、入信したことを誰にも教えていなかったのである。

――翌日、結子さんは丘を登って退会届を提出しに行った。

棄教の手続きを済ませた途端に気分が爽快になり、足取りも軽く家に帰ると、明らかにいつもより覇気のある表情の息子が彼女を出迎えた。

——私が結子さんから傾聴した話は、これでほとんどすべてである。

言わずもがなの帰結を述べるなら、その後、彼女の不眠症は治り、息子は健康になり、夫婦仲も改善して、彼女は最近、自動車免許証を再取得しようとしはじめた。

もちろん白髪の男女の幽霊も跋扈しなくなった。めでたし、めでたし。

私は、ここで話を締め括るべきなのだろう。

だが、問題の宗教施設は、今も丘の上から彼女が暮らす屋敷を見下ろしている。そのせいで、胸の奥に掛かった靄がどうしても晴れないのだ。

# 二十二軒　こもりがき

怪談好きな方々は、どの地方にもおいでになる。地域ごとに同好の士を募って怪談の蒐集や発表会を行っていらっしゃる。特に活発にイベントなどを催すグループもあり、十年ほど前に関西方面の怪談好きな方々が立ち上げた《近畿怪談倶楽部》もその一つ。

このたび、同倶楽部の方から体験談を伺った。仮のお名前を彰良さんとする。

——十八から勤めていた自衛隊を退いて家に戻るよう母から説得されたのは、彰良さんが二十一歳の秋、八〇年代後半のことだった。世間さまの上の方では景気が良さそうで、下々の者まで金の匂いが漂ってこないものかしらと思っていたら、ひどいことになった。

駐屯地から呼び戻されたのは、ろくに働かない父に代わって自宅のローンを返すため。喰わせてもらえないから自衛隊に行った者が、搾り取られに戻るのだ。去年、順当に陸士長になったから、次は三曹だと思って頑張っていたのだが……。

ただ、母だけは泣かせてはならないと思ったのである。それにまた金が無いとなれば妹が道を踏み外さないとも限らない。いや、妹自身の意思でするなら何でも好きにすればいいのだが、父が信用ならなかった。

妹は春に高校を卒業した。就職して家から通勤していると聞いているが、働きはじめて数ヶ月では貯金もなかろう。当分、親と同居した方がいい。

一家四人、万年無職の父のせいで貧乏だったが、曲がりなりにも大人になるまでしのげたのは、祖父が遺してくれた家のお蔭だった。

その家が、立ち退きに遭った。道路を造るから退けろとお上に命じられ、相応の価値の代替地を貰ったが上物が無かった。そこは四十五坪の更地であった。

界隈の地価も上がり続けていて、そんな猫の額でも売れそうなご時世だったが、母が、どうしても家を新築したいと言い張った。土地を貰っても、家を建てたら赤字である。

しかし、それからずっと後に母は言ったものだ。

「あないなお父さんだけど、さすがに家を買うたら働くやろうと思うたんや」と。

子どもが二人いて五十過ぎまで無職を通した男が、家如きで改心するはずがなかった。

もっとも母は、彰良さんが二十一のそのときは「また、みんなで暮らせたら、今度こそ人並みの家族みたいになれるんやないかしら」と話していた。

母は一九四四年生まれで、終戦直後に両親と死に別れ、家庭の味を知らずに育った人だ。……で、あるからして、親にも夫にも不向きな父みたいな男と結婚してしまったに違いないが、それだけに、幸福な家族を夢見てやまないわけだった。

役所に追い出されるまで居られるとのことで、まずは古い家に戻り、仕事を探した。幸い、この頃は昨今より時代が良くて、すぐに働き口が見つかった。

母もパートタイムで働いており、妹も忙しそうだった。父だけが日がな一日ぶらぶらしている。家でおとなしくしていればいいが、どうやら日中はずっと出掛けているので不安になり、「親父は毎日何してるんや?」と母に訊ねると、今度の家の建築現場を見に行っているという。「新しい家を愉しみにしてるんやろうな。やったら引っ越しの準備を手伝うてくれたらええのに」と母は苦笑いした。

役に立つことは一つもしない父だが、家が建っていく工程を眺めているうちに何か足りないと感じたようだった。

ある日突然、ひょろりとした柿の若木を担いできて、完成間近な家の玄関脇に植えた。庭師に頼めば金が掛かるからだろうが、自分で土を掘ったり肥料を撒（ま）いたりしている父の姿が、変に眩しかったものだ——風邪一つ引いたことがない健康な体の持ち主でありながら、うんと若い頃に失業したっきり無為の人として生きてきた父だった。

柿の木一本で止まらず、生垣でも花壇でも拵（こしら）えて、庭師に弟子入りしたらいいと願わずにいられなかったが、残念ながら、父は柿だけで満足して、元の無気力な男に戻った。

彰良さんの話をここまで傾聴して、私は、ふと、実家にも柿があったことを想い出した。

しかも同じように、玄関の横に。

うちの父は蘊蓄（うんちく）を語らせたら横に並ぶ者がいない歩く博物事典のような変人で、あの柿の木についても講釈を垂れていた。

しかも柿については、自分の専門が中国文学だから嬉しそうだった――というのも、柿を縁起物とする考え方は中国語に由来するので。

中国語の「事」と「柿」は同音同声。だから、よく実った柿（柿柿）は、中国語圏で「すべて思うがままになる」という意味のおめでたい四字熟語「事事如意」を連想させ、縁起が良いものとされているというのだ。

私は台湾旅行の折に一度見ただけだが、中国語圏の文具店や雑貨店に行くと、「柿事如意」や「柿柿如意」といった文字に添えて柿の実のイラストが描かれたグリーティングカードがよく売られているそうだ。進学・就職・栄転・出世などを寿ぐ（ことほぐ）ときに贈るのだろう。

尚、現代日本で信奉者の多い風水においても、柿は邪気を祓うとされている。あの柿色を風水的には赤と見做し（みなし）、悪い気は赤を嫌うと考えられているそうだ。

これらの理由から、昔々から、柿を庭に植えると縁起が良いとされてきたのだ。

いったいに伝統的な職人には縁起を担ぐ人が多く、植木職人も例外ではないから、彰良さんの父は植木屋で柿を薦められたのかもしれない。

——しかし福をもたらす力があるだけに、柿の木を伐ると、一転、禍々しい凶事を呼ぶというジンクスも存在する。

そもそも日本では古来、樹木には魂が宿るとされる。柿に限らず、庭木を伐る際に神主を招いてお祓いを受ける人が未だに多い。招福にも責任とリスクが伴うわけである。

彰良さんは二十一歳から三十五歳で結婚するまで、父が柿を植えた家で暮らした。その間、家族四人とも健やかに過ごせはした。そして二、三年目から柿もしっかり実るようになったものの、父は無職のままだった。

彰良さんは家の建設費用を一人で払い終え、それから結婚して家を出たのである。

父は感謝するどころか、家一番の稼ぎ手が減ることが不服なようだったが、もう好きなようにやらせてもらうと決めていた。孝行息子の最初で最後の反乱であった。

妹は独身のまま家に残り、両親と妹が三人で暮らす年月が過ぎていった。

結婚後も初めのうち彼はときどき実家に帰っていたが、自分の家庭が充実するにつれて足が遠のき、年に一度も行かないことが多くなった。

やがて十年が過ぎて、彼が四十五の正月、久しぶりに訪ねてみたら玄関先で何か違和感を覚えた。最初はどこがおかしく思われたのかわからなかったが、よくよく周りを観察してみて、気がついた。

――柿の木が乱暴に伐られて、無惨な切り株を晒していたのだ。

初めは細い若木だった柿は二十年のうちに倍以上に生長して、幹も太くなっていた。

その切り口の汚らしさから、素人の手でやられたのは一目瞭然だった。

前の家から持ってきた大工道具に、祖父が使っていた古い鋸が入っていた。錆だらけで刃こぼれがした代物だったが、あれでギコギコやったに違いない。

おまけに、なかなか伐り倒せずに業を煮やして、終(しま)いには蹴り折るか何かしたのだろう。

長い棘が角のように切り株から突き出しているのは、そういうことだ。

倒された樹が見当たらない。とりあえず家に入って、出迎えた父に問うと、「リサイクルに出してしもた。短うせなあかんさかい、伐るのが大変やったで」との答え。

枝がしなるほど実をつけた姿が脳裏に蘇り、「なんでや?」と彼は震える唇で訊ねた。

「もう、たいして実がならなんだ。要らんやろう? ……おまえは知らんねん」

最後の一言には怨みが籠められていた。一瞬で頭に血が上ったが、奥歯を噛み締めて堪えた。いつのまにか母がそばに来て、不安そうにようすを窺っていたからでもあり、確かに何も知らないと思ったせいでもあった。

家を離れてから、柿がよく実って、妹が若く、どこもかしこも新しかった頃しか想い出さなくなっていた。だが、あらためて見れば、家は傷み、妹は四十路……。

しかし柿が実をつけなくなったとは信じられなかった。前の正月に来たときには、真っ赤な実が一つ、風に揺れていたものだ。

母は「来年もよく実るように」と願って、お呪（まじな）いの木守（こも）り柿を残しておく習慣だった。

「柿の木ぃ伐るとき、お祓いしてもろうたんやろか？」と彼は母に訊ねた。母は頭を振って「お父さん、ほんなんは迷信や言うて嫌うてるさかい」と悲しそうに答えた。

その翌日、父が母に殴る蹴るの暴力を振るって瀕死の重傷を負わせた。

病院から警察に通報され、父は傷害容疑で逮捕。七十五歳という高齢で、すぐに保釈されるはずだった。しかし取り調べ中に倒れ、検査の結果、胃に悪性腫瘍が見つかった。

そのとき母も外科で治療を受けていた。父のせいで肋骨と腰骨を骨折し、脊椎を痛めてしまったのである。

両親が同時に入院した、と思ったら父の容態が急速に悪化した。担当医によれば高齢者は一般に癌の進行が遅いそうなのだが、父の癌細胞は瞬く間に全身を蝕み、たった一週間で危篤に陥った。おまけに、どの痛み止めもなぜか効かないとのことで、入院二日目からは、面会に行く度に廊下にまで響き渡る父の声を聞くはめになった。

悲鳴や、あるいは「早う殺せ！　痛い痛い！」と喚く声を。

死ぬ間際、父は獣のように唸りながら、カッと両目を見開いて天井を睨み上げていた。息子と娘には目も向けず、一心に上を見ているので、そこには父にしか見えない何者かが来ているのではないかと思われるほどだった。

そんな恐ろしい表情のまま、激しい苦悶の内に亡くなった。

一方、父に暴行を受けた母は、治療の甲斐なく全身に重い障碍が残り、入院中から認知症の症状も現れてきたために、自宅に戻ることなく介護施設に入所することになった。

そして妹は、父の葬式と前後して、眼と軟骨が炎症を起こす難病を発症した。耳、喉、眼球、鼻、関節の軟骨が病変する原因不明の免疫疾患だという。重症化すれば軟骨が消え、心臓や呼吸器の障碍を併発して死に至る。今の医学では対症療法で症状を抑えるほかなく、妹は入退院を繰り返すようになった。

彰良さんも無事では済まなかった。彼は腎不全に罹った。両親の家系を調べても腎臓病の者は一人もおらず、遺伝的な因子は持たないはずだった。健康にも気をつけてきたつもりなのに、急に、週に三回の透析治療が必要な体になってしまった。

——柿を伐った途端に、家族全員が病んでしまったわけだ。

彼は柿が好きだった。玄関脇の柿の木に艶々した実が十も二十も実っているのをもいで、家族で食べた明るい想い出ごと、あの味と香りを愛していた。

しかし病気のせいで二度と柿が食べられなくなった。腎不全患者は、柿に豊富に含まれるカリウムのせいで心臓が止まってしまうと医者に聞かされ、彼は震えあがった。柿に復讐されたかのように感じたのである。

柿を伐ってから三年後、彰良さんの母は静かに息を引き取った。死因は老衰とのことで、父の死とは対照的に穏やかな、眠るような最期であった。

妹は、通院治療を受けている病院のそばにアパートを借りて引っ越した。

誰も住まなくなったので、彼は不動産会社に家を売却した。

家は、なかなか買い手がつかなかった。彼が最後に見たときには、灰色に煤けた廃屋になり、庭木もすべて枯れ果てて、そのためかえって、赤々とした柿がたわわに実った昔日の姿が偲ばれたという。

# 二十三軒　かめおさ

甕長はご存じなくとも、付喪神の名は耳にしたことがある方が多いのではないかと思う。その存在を世に知らしめた『付喪神絵巻』は室町時代に作られたとされるから、付喪神は爾来六百年超のベテラン妖怪である。

しかしどうも畏れる気にならないのは、その正体が古い杓文字や茶釜といった古道具だからであろうか。ちなみに『付喪神絵巻』は、コメディ、バトル、ホラーの要素が盛り込まれていて、最後はホロリと感動させる勧善懲悪物だ――などと書いたら真面目にやれと怒る向きもあろうが、年末の断捨離的な大掃除（煤払い）で捨てられたオンボロ道具たちが、都の人、牛、馬を喰らって人間界に復讐するも、最後には護法童子に撃退されておとなしくなり、仏門で修行して成仏するという話なのだから、当たらずとも遠からずだろう。

――さて、では甕長は何かといえば、付喪神の一種なのである。

江戸時代の妖怪画集・鳥山石燕作『画図百器徒然袋』の本編の末尾で、古い甕が変化したものだと紹介されている。

尚、「瓶長」という表記を散見するが、画題の原文は「甂長（かめおさ）」で、「甂」は口が大きく底の深い大型の陶磁器の容器のことだから、本稿では、現代では口が狭いボトルを連想させがちな「瓶」ではなく「甕」の字を当てさせていただく。

この妖怪について、鳥山石燕は「わざわひは吉事のふくするところと言へば　酌（くめ）どもつきず　飲めどもかはらぬ　めでたきことを　かねて知らする　甂長（かめおさ）にやと　夢のうちにおもひぬ」と書いた。禍は吉事の復する所。その心は、陰（悪いこと）が極まって陽（好いこと）に復する一陽来復であるから、禍々しい化け物だらけの画集の最後を「吉」で締め括りつつ、どれほど汲んでも底をつくことがない、打ち出の小槌のような水甕を描いたわけである。

甕長は、石燕が創作したと言われている。石燕が書き添えた文に「夢のうちにおもひぬ」の一言があるからというのが理由だという。だが、実は石燕は他の妖怪の解説にも同じセリフをよく付けているので、ことさら甕長に限った話ではなさそうだ。

——枕が長くなりがちなのは私の悪癖だが、今回は、どうか許してほしい。と申すのも、まさに甕長のような、付喪神系の実話をお聴きしたのである。

話の最初に水音が、そして最後に甕が登場する。それがどんな甕だったかは読んでのお愉しみ——。

新潟県の糸魚川市には川が無いが、大工屋敷という地名はある。その辺りというわけではないが、現在五十一歳の佐敏さんが生まれ育った糸魚川市の家は、大工を家業としていた。彼は、祖母の前夫と熊さんと呼ばれていた身寄りのない職人が建てた家に、祖父母、両親、二つ下の弟、六つ下の妹と同居していた。

父は入り婿で、母の生家だったから、母は昔ここで起きた出来事をよく憶えていた。たとえば居候していた熊さんが老衰で亡くなったこと。

熊さんは祖母の前夫の右腕で、信頼が厚かったからこそ居候させていたわけだが、肝心の前夫は若くして病死した。さらに祖母は前夫の弟子と再婚してしまい、熊さんの立場や如何に……と俗物な私は事情を聞いただけで心配になったが、皆さん心が広かったようで、祖母の再婚後も熊さんは家に残ったのである。

竣工したのは大正末か昭和初め頃のことだろう。錦鯉を泳がせた池と石灯籠がある中庭を囲む京町屋風の古めかしい造りで、台所などの水回り以外は全室、畳が敷かれていた。

中庭はそれなりに広く、池を回遊する小径に飛び石が置かれ、枝ぶりの良い松も植えられていた。その代わり、敷地の縁ぎりぎりまで壁が迫っていたそうだ。敷地の形は、間口に比べて奥行きが長い、典型的な鰻の寝床で、引き戸をガラガラと開けて玄関に入ると目の前に長い廊下が伸び、この廊下は庭を望む縁廊下に突き当たった。

廊下の両側に、茶の間、台所、階段があり、庭の向こうの奥座敷は八畳の仏間兼祖父母の部屋だった。一階の縁廊下沿いに他に二間と納戸があり、庭は吹き抜けで、二階にも十畳の部屋が二つと八畳間が二つあった。

家の周辺は文教地区で、糸魚川駅や市役所も近い、住みやすい地域だ。市内では最も積雪量の少ない沿岸部で、内陸の山間部のような豪雪地帯とは違う。もしも庇の高さまで雪が積もる所なら、中庭を維持するのは難しかったに違いない。

物心ついた頃から小二の冬まで、佐敏さんは一階の奥座敷で祖父母と寝ることが多かった。なぜなら祖父母の部屋にはテレビがあり、茶の間のテレビのチャンネル権は両親が握っていたが、祖父母は彼に好きな番組を観せてくれたのだ。だから父が家にいる週末は、昼から祖父母の部屋に入り浸ることもあった。そんなこともあって、いつしか土日は祖父母の部屋に泊まる習慣になり、やがてそこに弟も加わった。

――彼が四、五歳の頃の夏、ある晩、蒲団に体を横たえてしばらくすると、雨だれの音が気になりはじめた。

少しでも涼しく過ごせるように中庭側の窓を網戸にしていた。縁廊下の障子も開いており、庭寄りの部屋の端に蒲団を敷いてもらったから、夜風がそよそよと顔を撫でて通る。

いつもは祖父母より先に眠りに落ちるせいで気づかなかったのだ。静かになった途端、ピチャピチャ、ピチャピチャ、と、水が垂れる音が、仄暗い庭の方から聞こえてくる。

　街灯の明かりが二階の屋根を乗り越えて差し込んで、松の木や石灯籠の影をおぼろに浮かび上がらせていた。目を凝らしても、雨が降っているようには見えない。しかし絶え間なく水が滴り落ちる音が聞こえるのだ。庭の鯉が跳ねた音とも違う。

　目を瞑ると、雨だれが軒から落ちて、縁廊下の外に置いた沓脱ぎ石を穿つようすが、脳裏に描かれた。今日はカンカン照りだったのに。

　あまりにも気になるので、彼はそろそろと起きて縁廊下に出てみた。中庭の大きさで矩形に切り取られた夜空に月が輝いていた。晴れている。軒から滴る水滴も見えず、風が池の匂いを運んできた。

　網戸を開ければ縁廊下から枝に触れる近さに植えてある柘榴の木も、少しも濡れていなかった。

　蒲団に戻って目を閉じても、ピチャピチャという音が間断なく続いていたが、やがて眠気に抗えなくなった。

　朝になり、真っ先に縁廊下に出てみた。草木に露も降りておらず、雨の形跡は無かった。

　それからは、この部屋では毎晩、謎の雨だれの音に気づくようになった。日中や、テレビを観ていたり家族と談笑していたりするときは聞こえない。

　夜になると、聞こえる。

そんなある日、また水音を聞きながら眠りに落ちたところ、祖母の悲鳴で起こされた。目を開くと辺りは光に溢れていた。祖母は顔面蒼白で枕もとに膝をついており、彼のタオルケットを捲った手が激しく震えている。

「佐敏ちゃん、あちこたないか（大丈夫か）！　どっか痛いところはねえか？」

どこも痛くなかったが、パジャマの胸もとからお腹に掛けてがべたついて不快感があった。見れば赤い液体で濡れそぼって、肌に張りついているではないか。

「どう見ても、それに臭いも、血だ。鼻血だろうか。寝る前に何かに鼻ぁぶつけたかい？」

そんなわけがないことは、眠る直前まで一緒にいた祖母が一番良く知っているはずだった。祖父もおろおろとして、「昨日ピーナッツを喰いすぎたからだ」と言ったが、夜、ビールのあてにピーナッツをボリボリやっていたのは祖父であり、佐敏さんは、ほんの数粒しか食べなかったのだ。

その後、浴室に連れていかれて、両親も呼ばれてきた。鼻血にしては鼻孔や口もとに血がついておらず、かといって裸にして念入りに調べても一つも傷が見つからなかったので、父や母も不思議がっていた。

怪我もなく、いたって元気だったから、ふつうに過ごして、その夜も祖父母の部屋で寝た。そのとき寝る前に祖母が部屋のあちこちを点検したところ、押し入れの天袋が開いているのを発見して、「誰も開けねえのに開いてるのは、おっかねえでねっか」と言って、自分で触るのを嫌がり、祖父に閉めさせていた。

「そういえば、ときどき押し入れが夜のうちに少しだけ開いてるときがある。隙間から座布団が飛び出して、佐敏ちゃんの鼻にぶつかって血ぃ出したんでねえのかなぁ」

と、祖母は言い、「そんなんが本当に起きる方がおっかない」と祖父に失笑された。だが、その祖父も、状況から推して鼻血ではなかったのに「鼻血だろう」と決めつけていた。


謎の流血事件はその一回だけだったが、雨だれのような規則的な水音は、その後もたびたび聞こえた。小学校に上がった頃に祖母に打ち明けたところ、池のろ過装置の音だろうと言われ、一応、納得した。

ところが、小二の冬、雪の降りしきる寒い夜に、いつにも増してはっきりと、例のピチャピチャが聞こえてきた。今夜は特に耳につくなぁと思ううちに目が冴えて、眠れなくなった。

この時季だから庭の方を向いても障子が閉まっている。

水音を聞きながら、なんとなく閉じた障子の桟を数えるうちに、変なことに気がついた。

なぜこれほど鮮やかに障子の桟が見えるのか？　夜なのに、おかしいではないか。

——表が明るすぎる。

朝陽が燦々と降り注いでいるかのようだ。夜の雪明かりは、もっと蒼白くて儚いものだ。

すぐに好奇心を抑えられなくなった。部屋側の隣に五歳の弟が、その奥には祖母と祖父が眠っていた。半身を起こしてみんなの方を確認すると、誰も目を覚ます気配がなく、静かに寝息を立てていた。

そこで彼は、寒いので掛け蒲団を蓑のように被り、障子を開けると、四つん這いで縁廊下に這い出た。廊下はさらに明るかった。中庭でいったい何が起きているのか、雪見障子を開けて外を見ようとしたそのとき、音が変化した。

ピチャピチャ……ピタッピタッ……ピッタン、ピタッピタッ……。

雨だれではなく、これはまるで薄い水溜まりで足踏みをするかのような音だ、と思った途端、頭の中で裸足で足踏みをする大きくて真っ黒な人影が像を結んだ。

——庭に誰かいる！　ピッタンピッタンと足踏みしている！

怖くなって雪見障子から手を離し、慌てて部屋に戻り、縁廊下との境の障子を閉めた。そして急いで蒲団の中に頭まで潜ったのだが、恐ろしいことに、まだ濡れた足踏みが聞こえてきた。両手で耳を塞いでも無駄だった。

頭の中で、黒い人影が足踏みを続けるのだ。ピタッピタッピタッピタッピタッ……。

まだいる。まだいる。

怯え切って眠れずにいるうちに夜が明けて、本物の朝が来た。

その後、佐敏さんは祖父母の座敷に泊まるのをやめた。なぜか弟は同じ目に遭ったことがなく、このことを打ち明けてもキョトンとしていた。祖父母や両親には、どうせ信じてもらえないと彼は思った。不思議な血をみんなして鼻血だと決めつけたことを記憶していた。

本来の子ども部屋は、玄関の真上にある十畳の部屋だった。

そこを弟と共有していたのだが、高校進学と同時に、祖父母の部屋の真上に個室を与えられた。これも十畳で、それまでは両親が寝室として使っていた。

このとき弟も彼の部屋の隣の八畳間に移り、元の子ども部屋は両親が使うことになった。最初は広い部屋を独占できるのが嬉しかった。しかも両親は部屋に床を敷いて洋間風に改造していたので、ベッドも買ってもらい、大いに満足していた。

――しかし、窓辺にベッドを置いて寝てみたところ、およそ八年ぶりにあの音が聞こえてきた。濡れた足音が水溜まりで足踏みを繰り返しているとしか思えない音が。

ここが二階だという事実が、この現象を以前に増して恐ろしくしていた。足音の主がいるとするならば、室内にいるに違いないからだ。

ベッドのすぐそばから聞こえるような気もして、朝までまんじりともしなかった。一晩目からこれでは先が思いやられたが、幸い翌日は何も聞こえず胸を撫でおろした。

結局、この部屋では月に二、三回、そんなことがあった。

佐敏さんは、高卒後は他県の会社に就職して独身寮に入った。だが、これで怖い音と縁が切れたわけではなく、盆暮れで帰省する都度、またピタンピタンと濡れた足音が聞こえてきて安眠を妨げられた。

そこで、あるとき思い切って母に打ち明けてみた。また鼻血のような牽強付会な理由づけをされる覚悟だったが、意外にも母は「やっぱり聞こえる？」と彼に応えた。

「足音でしょう？　あの部屋は何だかおっかなかったすけ、佐敏くんに押し付けてしもうて悪かったわ。お父さんは平気みたいだぁすけ、あんたも何も感じねえたちかと思うた」

母によれば部屋の出入口の手前の廊下も、そこだけ闇が澱んでいるように思えて怖かったそうで、進学にかこつけて部屋を交換したということだった。

彼が二十三歳のとき、両親が家を建て替えた。祖母の前夫が建てたあの家を取り壊して、土台から造り直し、今風の住まいを新築したのだ。

祖父母はすでに亡くなっており、反対する者は誰もいなかった。

その工事の折に、祖父母が鬼籍に入った後は仏間専用になっていた奥座敷の下から、不思議な物が発掘されたのだという。

佐敏さんは、その場に居合わせなかったが、工事を監督した父から詳しく話を聞いた。

――父によれば、建物を撤去した後、問題の座敷があった場所の地中から大きな桶と甕が出てきたのであった。

桶は昔の座棺に似ていたが、高杉板で作られていた。高杉板は、杉の表面を焼いて炭化層を生じさせることで耐久性を高めた建材で、主に外壁用であり、棺桶の材料ではない。

また、大きさも座棺よりさらに巨大だった。そもそも桶の中に入れられた甕が、大人が潜れるほど大きかったのだ。もっとも、当初は甕の大きさはよくわからなかった。と言うのも、桶と甕の隙間には硬く砂が詰められた上、甕の口が飛び出るように真ん中を刳（く）り貫いた高杉板の蓋がされていたからだ。これにより甕がしっかり固定されていた。

また、甕の口も陶器の蓋で閉じられていた。

――と、文章で説明したところで、どれほど伝わるものだろう。

なにしろ実物を見てさえ、ほとんど全員これが何かわからなかったのである。

だが、佐敏さんの父がこのとき雇っていた棟梁は百戦錬磨の宮大工で、たいへん物識りだった。他の誰もがこれの正体を見破れずにいる中で、彼だけが「大昔の厠（かわや）の便槽（べんそう）だ」と自信を持って指摘した。

「江戸時代か明治の物かわからないが、これは古い便槽に違いない」と言うので、気色悪いと誰もが思った。

ただ、便槽と聞いて不潔な感じもしたが、臭うわけではなかったので、排泄物を嫌悪する気持ちは薄かったという。それよりも、遥か昔から土の下に甕に封じ込められた空間が存在することが、なんとも不気味に思われたのだとか。

桶を重機で少し壊してみると、甕が如何に大きいかが確かめられた。人が容易に入り込めるほどだ。この中に、化石化した汚わいの痕跡があるのか、それとも……。

そのとき「悪い気が溜まっているから、開けてみない方がいい」と棟梁が言った。

すると重機を操っていた素直な若い衆が、たちまち重機で破壊し尽くしてしまった。

佐敏さんの父が後に語ったところでは、陶器の破片には何も付着物が見られず、空だったのではないか、ということだ。

甕や桶の残骸は周囲の土ごと廃棄して、新しく入れ土をした。途端に、その場にいた両親には、辺りが一気に明るんだように感じられたという。空気まで清々しくなった気がしたが、さらに、父が地元の神社にお願いして、これまで見たことがないほど念入りに地鎮祭をしてもらって、それでようやく安心したのだという。

――この話を聞いた佐敏さんは、思わず吐きそうになった。

なぜなら奥座敷のそばに植わっていた柘榴の実を、幼い頃から数え切れないほど食べてきたからである。便槽の上に根を張った果実を食べて育ったのかと思うと、無念であった。

父に、あの柘榴はどうしたのか訊いたところ、親戚の家にあげてしまったとのこと。

親戚も気の毒だと思ったが、知らぬが仏だから、わざわざ仔細を知らせず今に至る。

ほどなく新しい家が完成し、数年後、独立した弟や妹と入れ替わるように、佐敏さんが新婚の妻を伴って、そこで両親と同居するようになった。

彼は現在もその家で家族と暮らしている。

「甕や何かがあった場所は、今のうちのリビングルームの下ということになりますが、変なことは一度も起こりません。あれを発掘して捨てたことで、物理的に穢れを取り除いたからでしょう」

住み心地も快適だが、時折、以前の家にあった翳りのある情緒が懐かしくなるそうだ。新しい家には、吹き抜けの中庭も、昼でも薄暗い長い廊下も無い。軒の深い縁廊下や雪見障子の代わりには採光の良い大きな窓が、鯉が泳ぐ池の代わりに陽気な花壇があって、彼の妻子は、夜毎に聞こえる濡れた足音に悩まされはしないのだ。

――如何だろう。私は佐敏さんにインタビューしながら、ピッタンピッタンと水溜まりを踏む妖怪・甕長の足音が聞こえたような気がしたのだが、などと言ったら鳥山石燕は「便槽と水甕を取り違えるな」と怒るかもしれない。

便槽と見抜いた棟梁は慧眼の持ち主で、実際、江戸時代や明治時代の日本では土中に甕を埋めて便槽とすることは珍しくなかったそうだ。こうした甕は「下甕（下瓶）」「下種甕（下種瓶）」と呼ばれ、信楽焼、常滑焼（とこなめ）、備前焼などの陶器が用いられた。大小便を溜めて、ときどき取り替えるものだから、高級品である必要はなく、古い油壺や瑕物（きずもの）の水甕が利用されることもあったようだ。

この下甕、私が愛読してやまない根岸鎮衛（ねぎしやすもり）の『耳嚢（みみぶくろ）』では「糞坪」と呼ばれている。ちょっと意訳してみよう。

――巻之八「穴に落し笑談の事」。鍋島十之助の家来に川島という小柄な男がいた。文化四年の晩夏か初秋に、川島は友人たちと連れだって浅草観音に参詣し、というのは表向きで、たぶん本当は吉原へ行くなどして遊び歩き、茶屋で酒を呑んで騒いでいたところ、もよおしてきたので厠へ行った。場末の厠ゆえ、穴に板をわたしただけの簡単な造りであった。そのため、川島が袋を取り落とすと、あっという間に糞坪の中へ吸い込まれてしまった。手形やら書きつけやら現金を入れていたのに、である。これは何としても取り出さねばならぬ。考え抜いた挙句に川島、丸裸になって糞坪に入って捜しはじめた。そうこうするうち折しも通りかかった女が三人、ここの茶屋のおトイレを借りませうそうしませうと仲良くやってきて、厠の戸を開けた。すると糞坪から人間の手が突き出しているではないか！　先頭にいた女が、わっと叫んで気絶した拍子に糞坪へ転落した。集まった人々が糞坪から女と川島を引っ張り出して洗ってやったことから、近所の人々の物笑いの種になったとか。

と、こんな尾籠（びろう）な話で恐縮だが、糞坪（ひどい表現だ）のサイズ感が把握できるので、紹介する意味はあるのでは。

ただ、佐敏さんの実家から出土した甕には、例の棟梁が解せないと言っていた特徴が一つ二つあったそうだから、下甕と決めつけるのは早計かもしれない。

まず、甕に蓋がしてあったという点だ。厠の床下にあるものだから、ふつう蓋はしない。

それにまた、掘った穴に砂を詰めて甕を固定した例は多いようだが、桶に砂を詰めて甕を固定するのも変わっているとのこと。

しかし胞衣壺にしては巨大すぎる。下甕でなければ、甕棺（かめかん）か、能舞台の音響用か。能舞台の甕にも蓋が無い。甕棺には蓋があるが、空っぽのようだったというから違いそうだ。

水琴窟（すいきんくつ）にも甕が用いられ、水も使う。だが、だいぶ構造が異なる。

――ともあれ、甕に封印されていた魂が、水が滴るような音、あるいは水溜まりで足踏みするような音を立てていたに違いない。甕が割られて解き放たれた後、『付喪神絵巻』の付喪神たちのように心安らかに成仏できたのだろうか。

霊軒

# ただいま

家は「宀」と「豕」から成る。
豕は生贄の豚を表し、元は生贄を捧げて祖霊を祀る霊屋（たまや）を意味した。
思うに、人は誰しも先祖の血を祀る霊屋である。
私の実家で捧げられた生贄の豕は誰か。
心を病んだ叔母であろうと私は思う。叔母は今や眠りの中で死を待つのみだ。
黄昏に、魂だけが夢路を帰る。
――お母さん、ただいま。
想い出すその声の、なんと私に似ていることか。

最期は私も懐かしいあの家へ、一人の霊になって飛んでゆくのだろう。

# 川奈まり子　かわな まりこ

東京都八王子市出身。ルポルタージュ的手法で怪異の体験者と場所を取材し、これまでに5000件以上の怪異体験談を蒐集。近年は怪談の語り手としても活動。怪談の著書多数。小説も少々。日本推理作家協会会員。怪異怪談研究会会員。主な著作に『八王子怪談 逢魔ヶ刻編』『八王子怪談』「一〇八怪談シリーズ」「実話奇譚シリーズ」(竹書房)、『迷家奇譚』『少年奇譚』『少女奇譚』(晶文社)、『東京をんな語り』(KADOKAWA)、『宵坂つくもの怪談帖』(二見書房)、『実話怪談 でる場所』『出没地帯』(河出書房新社)。

公式Youtube
youtube.com/@KawanaKwaidan

Twitter
@MarikoKawana

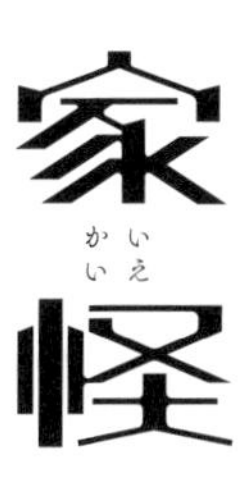

二〇二三年三月二〇日　初版

著者　川奈まり子

発行者　株式会社晶文社
東京都千代田区神田神保町一‐十一　〒一〇一‐〇〇五一
電話　〇三‐三五一八‐四九四〇(代表)・四九四二(編集)
URL　http://www.shobunsha.co.jp

印刷・製本　株式会社太平印刷社


ISBN978-4-7949-7355-9　Printed in Japan